Piadas e Charadas
É para chorar de rir!

ÍNDICE

p38
PORTUGUESES
5 piadas

p6
NA ESCOLA
37 piadas

p16
LOIRAS
7 piadas

p22
EM FAMÍLIA
33 piadas

p53
TOLERÂNCIA ZERO
6 piadas

p58
CHARADINHAS
70 charadas

p30
NO MÉDICO
15 piadas

p56
PAPAGAIOS
6 piadas

p18
LOUCOS
19 piadas

p34
CAIPIRA
11 piadas

p40
VARIADAS
46 piadas

p54
JUSTIÇA
5 piadas

NA ESCOLA

INSISTÊNCIA

JUQUINHA, QUANDO IA PARA A ESCOLA, ENTRAVA NA PEIXARIA DO SEU MANOEL E PERGUNTAVA:

— TEM BALAS?

— NÃO VENDO BALAS, PROCURE NA VENDA, MAIS ADIANTE.

NO DIA SEGUINTE, LÁ VINHA O JUQUINHA.

— TEM BALAS?

— AQUI É UMA PEIXARIA, MENINO! – DISSE IRRITADO.

NO OUTRO DIA, JUQUINHA PASSOU NOVAMENTE:

— TEM BALAS?

— JÁ DISSE QUE NÃO! – FALOU NERVOSO. – SE PERGUNTAR DE NOVO, VOU PEGAR UMA CORDA, AMARRAR VOCÊ E ENTREGÁ-LO PARA O INSPETOR DA SUA ESCOLA!

NO DIA SEGUINTE, JUQUINHA PASSA DIANTE DO AÇOUGUE E PERGUNTA, CURIOSO:

— TEM CORDA?

— NÃO... – DISSE O AÇOUGUEIRO, SEM ENTENDER.

— ENTÃO, TEM BALAS?

E NO DIA DO SEU VELÓRIO?

PARA FALAR SOBRE ÉTICA, A PROFESSORA RESOLVEU INOVAR E PERGUNTOU PARA A CLASSE:

— O QUE VOCÊS GOSTARIAM QUE OS OUTROS FALASSEM SOBRE VOCÊS, NO SEU VELÓRIO?

MARQUINHOS RESPONDEU:

— GOSTARIA QUE FALASSEM QUE EU FUI UM GRANDE MÉDICO E UM ÓTIMO PAI DE FAMÍLIA, PROFESSORA.

— ÓTIMO, MARQUINHOS. ENTÃO, VOCÊ DEVE ESTUDAR BASTANTE E SER UM BOM MENINO PARA SER UM BOM PAI. QUEM MAIS?

JOÃOZINHO LEVANTOU A MÃO E FALOU:

— QUE EU FUI UM ADVOGADO TALENTOSO, GRANDE PAI QUE DÁ TUDO PARA OS FILHOS E UM PROFESSOR DE INFLUÊNCIA NO FUTURO DE TODO MUNDO, PROFESSORA!

— NOSSA, JOÃOZINHO! ISSO SIGNIFICA QUE VOCÊ DEVE LEVAR A ÉTICA ACIMA DE QUALQUER COISA!

EXCELENTE! QUEM MAIS?

JUQUINHA LEVANTA A MÃO E FALA:

— EU GOSTARIA QUE ELES DISSESSEM NO MEU FUNERAL, PROFESSORA, O SEGUINTE — OLHA! ELE ESTÁ SE MEXEEEEENDO!!

MATEMÁTICA
A PROFESSORA TENTA ENSINAR MATEMÁTICA A UM DE SEUS ALUNOS.
— SE EU LHE DER QUATRO CHOCOLATES HOJE E MAIS TRÊS AMANHÃ, VOCÊ VAI FICAR COM... COM... COM...
— CONTENTE, PROFESSORA!

NOTAS DE ARREPIAR
O PAI DIZ PARA O FILHO:
— ME DEIXE VER O SEU BOLETIM.
— NÃO ESTÁ COMIGO.
— COMO NÃO ESTÁ COM VOCÊ?
— É QUE EU EMPRESTEI PARA UM AMIGO QUE ESTAVA QUERENDO ASSUSTAR O PAI DELE.

ALUNO GAGO
O PAI LEVA O FILHO GAGO PARA O PRIMEIRO DIA DE AULA NA ESCOLA.
O DIRETOR PERGUNTA:
— O SEU FILHO GAGUEJA SEMPRE?
— NÃO, SENHOR. SÓ QUANDO FALA.

VENDEDORES
O PROFESSOR EXPLICA:
— QUEM VENDE LEITE É LEITEIRO. QUEM VENDE PÃO É PADEIRO. E QUEM VENDE CARNE?
UM ALUNO GRITA LÁ DO FUNDO:
— É CARNEIRO, PROFESSOR.

GEOGRAFIA
A MÃE PERGUNTA:
— FILHO, O QUE VOCÊ ESTÁ ESTUDANDO?
— GEOGRAFIA, MAMÃE.
— ENTÃO ME DIGA: ONDE FICA A INGLATERRA?
— NA PÁGINA 83.

ESCOLA
O GAGO ABORDA UM TRANSEUNTE NA RUA:
— O SE—SENHOR SA—SA—SABE ON—ON—DE FI—FI—CA A ESCO—COLA DE GA—GA—GAGOS?
— MAS, PARA QUÊ? O SENHOR GAGUEJA TÃO BEM!

NA AULA

O ALUNO LEVADO PERGUNTA PARA A PROFESSORA:
— PROFESSORA, A SENHORA É INTELIGENTE?
— OS SERES HUMANOS SÃO INTELIGENTES, PORTANTO, PODEMOS DIZER QUE VOCÊ E EU SOMOS PESSOAS INTELIGENTES.
— ENTÃO, PROFESSORA, O QUE O NÚMERO ZERO DISSE AO NÚMERO OITO?
A PROFESSORA PENSOU UM POUCO E DISSE:
— ISSO É UMA PEGADINHA! MAS EU DESISTO. O QUE ELE DISSE?
— QUE BONITO O SEU CINTO!

NO LABORATÓRIO

NO LABORATÓRIO DE QUÍMICA, RODEADOS POR VIDROS E PRODUTOS QUÍMICOS POR TODOS OS LADOS, O PROFESSOR REALIZAVA UMA PROVA ORAL COM OS ALUNOS. E, CHEGANDO A VEZ DA ALUNA MAIS PROVOCANTE DA CLASSE, PERGUNTOU:

— MELISSA, QUAL É O ELEMENTO CUJA FÓRMULA QUÍMICA É H2SO4?
A GAROTA, TRÊMULA, COLOCOU UM DEDO NA BOCA, PENSOU, PENSOU, E DEPOIS DISSE:
— AI, AI, PROFESSOR... TÁ NA PONTA DA LÍNGUA!
E O MESTRE GRITA, ASSUSTADO:
— ENTÃO, COSPE FORA RÁPIDO, QUE ISSO É ÁCIDO SULFÚRICO!

UM MENOS UM

A PROFESSORA PERGUNTOU PARA O ALUNO:
— VOCÊ SABE QUANTO É UM MENOS UM?
— NÃO SEI, PROFESSORA.
— VOU DAR UM EXEMPLO: FAZ DE CONTA QUE EU TENHO UM ABACATE. SE EU O COMER, O QUE É QUE FICA?
— O CAROÇO, ORAS.

AULA DE CIÊNCIAS

NA AULA DE CIÊNCIAS, A PROFESSORA QUER SABER:
— O QUE ACONTECE COM UM PEDAÇO DE FERRO DEIXADO MUITO TEMPO AO AR LIVRE?
UM DOS ALUNOS RESPONDE:
— ENFERRUJA, PROFESSORA.
— MUITO BEM! E COM UM PEDAÇO DE OURO? O QUE ACONTECE?
— SOME RAPIDINHO!

AULA DE LITERATURA

O PROFESSOR PERGUNTA PARA A CLASSE:
— O QUE É UMA AUTOBIOGRAFIA?
UM DOS ALUNOS RESPONDE:
— EU SEI, EU SEI! É A HISTÓRIA DA VIDA DE UM CARRO!

FAZENDO CONTA

PROFESSORA, A SENHORA É ESPERTA?
— SIM.
— UM MAIS UM É IGUAL A DOIS, CERTO?
E DOIS MAIS DOIS É IGUAL A QUATRO, CERTO?
ELA RESPONDEU:
— CERTO.
— QUAL FOI A PRIMEIRA PERGUNTA QUE EU FIZ?
— QUANTO É UM MAIS UM, ORA!
— NÃO, ERROU. EU PERGUNTEI: "A SENHORA É ESPERTA?"

AULA DE GRAMÁTICA

A PROFESSORA DIZ AO ALUNO:
— SE EU DIGO "EU ERA BONITA", É PASSADO. SE EU DIGO "EU SOU BONITA", O QUE É?
ELE RESPONDE:
— É MENTIRA.

DIA DAS MÃES

A PROFESSORA PEDIU PARA OS ALUNOS ESCREVEREM UMA REDAÇÃO QUE TIVESSE A FRASE: "MÃE TEM UMA SÓ"! CADA UM FEZ O SEU TEXTO. UNS ELOGIAVAM AS MÃES, OUTROS CONTAVAM UMA HISTÓRIA, TODOS USANDO A FRASE DE UM JEITO CARINHOSO.
SÓ FALTAVA CONHECER A REDAÇÃO DO JOÃOZINHO E ELE COMEÇOU A LER:
— TINHA UMA FESTA LÁ EM CASA. MINHA MÃE PEDIU PARA EU BUSCAR DUAS GARRAFAS DE REFRIGERANTE NA COZINHA.
EU ABRI A GELADEIRA E FALEI:
— "MÃE, TEM UMA SÓ!"

LIÇÃO DE CASA
A PROFESSORA PERGUNTOU PARA O ALUNO:
— POR QUE VOCÊ NÃO FEZ A LIÇÃO DE CASA?
— PORQUE EU MORO EM APARTAMENTO, PROFESSORA.

AULA DE BOAS MANEIRAS
A PROFESSORA PERGUNTA PARA UM DOS ALUNOS:
— IMAGINE QUE SOMOS CONVIDADOS PARA ALMOÇAR NA CASA DE UM AMIGO. DEPOIS QUE ACABOU O ALMOÇO, O QUE DEVEMOS DIZER?
O ALUNO RESPONDE:
— CADÊ A SOBREMESA?

A REUNIÃO
O MENINO AVISA AO PAI:
— AMANHÃ TEM REUNIÃO DA ASSOCIAÇÃO DE PAIS E PROFESSORES. SÓ QUE ESSA SERÁ DIFERENTE: SÓ PRECISAM IR O SENHOR, MINHA PROFESSORA E A DIRETORA DA ESCOLA.

GRAMÁTICA
O ALUNINHO DO PRÉ-PRIMÁRIO AVISA A PROFESSORA:
— EU NÃO TEM LÁPIS, POFESSOLA!
— NÃO É ASSIM QUE SE FALA. O CERTO E "EU NÃO TENHO LÁPIS", "TU NÃO TENS LÁPIS", "ELE NÃO TEM LÁPIS", "NÓS NÃO TEMOS LÁPIS", "VÓS NÃO TENDES LÁPIS" E "ELES NÃO TÊM LÁPIS", ENTENDEU?
— NÃO! ONDE É QUE FORAM PARAR TODOS ESSES LÁPIS?

ALIMENTAÇÃO SAUDÁVEL
A PROFESSORA EXPLICA:
— PARA TERMOS UMA ALIMENTAÇÃO SAUDÁVEL, É IMPORTANTE SABERMOS O VALOR NUTRITIVO DOS ALIMENTOS. POR EXEMPLO, O PÃO É UM ALIMENTO QUE ENGORDA.
UM DOS ALUNOS NÃO CONCORDA:
— ISSO ESTÁ ERRADO, PROFESSORA. O PÃO NÃO ENGORDA. QUEM COME O PÃO É QUE ENGORDA.

AULA DE MATEMÁTICA
A PROFESSORA PERGUNTA PARA O ALUNO:
— TENHO SETE LARANJAS NESTA MÃO E OITO LARANJAS NA OUTRA. O QUE É QUE EU TENHO?
— MÃOS GRANDES!

NA ENFERMARIA
NA HORA DO RECREIO, DOIS GAROTOS VÃO ATÉ A ENFERMARIA DA ESCOLA:
— O QUE ACONTECEU? — PERGUNTA A ENFERMEIRA.
— É QUE EU ENGOLI UMA BOLA DE GUDE — DIZ UM DOS MENINOS.
— E VOCÊ? — A ENFERMEIRA PERGUNTA AO OUTRO.
— A BOLA É MINHA. ESTOU ESPERANDO POR ELA.

AULA DE HISTÓRIA
NA AULA, A PROFESSORA TESTA SEUS ALUNOS:
— ZEZINHO, MOSTRE NO MAPA ONDE FICA A AMÉRICA.
— O MENINO APONTA UM LOCAL NO MAPA.
— MUITO BEM! AGORA, JUQUINHA, DIGA QUEM DESCOBRIU A AMÉRICA.
— FOI O ZEZINHO, PROFESSORA!

ESTUDANDO PARA A PROVA

O MENINO JÁ ESTAVA CANSADO DE ESTUDAR PARA A PROVA E FALOU PARA A MÃE:
— EU QUERIA TER NASCIDO EM 1500.
— POR QUÊ?
— EU TERIA MENOS HISTÓRIA PARA ESTUDAR.

MATEMÁTICA

A PROFESSORA PERGUNTA AO JOÃOZINHO:
— SE TIVESSE QUATRO MOSCAS EM CIMA DA MESA E VOCÊ MATASSE UMA, QUANTAS FICARIAM?
— UMA, PROFESSORA.
— SÓ UMA?
— CLARO, FICARIA A MOSCA MORTA. AS OUTRAS TRÊS VOARIAM.

MAR MORTO

A PROFESSORA PERGUNTA PARA O JOÃOZINHO:
— O QUE VOCÊ SABE SOBRE O MAR MORTO?
— NADA, PROFESSORA. EU NEM SABIA QUE ELE ESTAVA DOENTE!

SEMPRE ATRASADO

O ALUNO ENTRA ATRASADO PELO PORTÃO DA ESCOLA. O PORTEIRO PERGUNTA:
— POR QUE VOCÊ ESTÁ ATRASADO?
— PORQUE EU SEGUI O QUE A PLACA DIZ.
— QUE PLACA?
— A PLACA QUE DIZ: "ESCOLA. DEVAGAR".

ALUNA ENGRAÇADINHA

O PROFESSOR PERGUNTA PARA A CLASSE:
— QUAL É O ANIMAL QUE NOS FORNECE CARNE?
A MARIAZINHA RESPONDE RÁPIDO:
— O AÇOUGUEIRO.

ALUNO CRIATIVO
A PROFESSORA QUER SABER DO JOÃOZINHO:
— O QUE FICA MAIS LONGE: A LUA OU A EUROPA?
— A EUROPA, PROFESSORA. PODEMOS VER A LUA DE LONGE E A EUROPA NÃO.

FAZENDO CONTA
JOÃOZINHO, QUANTO SÃO CINCO MAIS TRÊS?
— NÃO SEI, PROFESSORA.
— OITO, JOÃOZINHO, OITO!
— ESSA NÃO, PROFESSORA! ONTEM MESMO A SENHORA DISSE QUE OITO SÃO QUATRO MAIS QUATRO.

COMIDA DE BALEIA
A PROFESSORA EXPLICA:
— A BALEIA É UM MAMÍFERO MUITO GRANDE QUE SÓ SE ALIMENTA DE SARDINHA.
O ALUNO FICA CURIOSO:
— E COMO ELA ABRE AS LATAS, PROFESSORA?

ALUNO FALTOSO
A PROFESSORA PERGUNTA AO ALUNO QUE ESTÁ CHEGANDO:
— POR QUE VOCÊ NÃO VEIO À AULA ONTEM?
— É QUE UMA ABELHA ME PICOU, PROFESSORA.
— AH, É? E ONDE ELA PICOU?
— NÃO POSSO DIZER.
— TUDO BEM. ENTÃO, VÁ SE SENTAR.
— TAMBÉM NÃO POSSO SENTAR.

SEM EMPREGO
A PROFESSORA PERGUNTA PARA O JOÃOZINHO:
— O QUE SEU PAI FAZ?
— MEU PAI ESTÁ DESEMPREGADO.
— E O QUE ELE FAZ QUANDO TEM TRABALHO?
— CAÇA ELEFANTES NA AMAZÔNIA.
— MAS NO BRASIL NÃO EXISTEM ELEFANTES!
— É POR ISSO QUE ELE ESTÁ DESEMPREGADO.

NA AULA DE MATEMÁTICA
O PROFESSOR EXPLICA O CÁLCULO DE UMA EQUAÇÃO ENORME E, DEPOIS, FALA:
— DESSA MANEIRA, CHEGAMOS À CONCLUSÃO DE QUE X É IGUAL A ZERO!
E UMA ALUNA LAMENTA:
— PUXA, PROFESSOR! TANTO TRABALHO POR NADA!

ALUNO DESATENTO
A PROFESSORA PEDE AO ALUNO QUE NÃO ESTAVA PRESTANDO ATENÇÃO NA AULA:
— DIGA UMA PALAVRA QUE COMECE COM A LETRA D.
— ONTEM, PROFESSOR!
— QUER DIZER QUE ONTEM COMEÇA COM D?
— COMEÇA, SIM, PROFESSORA. ONTEM FOI DOMINGO.

AULA DE REDAÇÃO
DEPOIS DE CORRIGIR AS REDAÇÕES, A PROFESSORA CHAMA A ATENÇÃO DO ALUNO:
— JOÃOZINHO, A SUA REDAÇÃO SOBRE CACHORRO ESTÁ EXATAMENTE IGUAL À DO SEU IRMÃO!
— MAS, PROFESSORA, O CACHORRO É O MESMO.

LOIRAS

SEQUESTRO

UMA LOIRA RESOLVEU VIRAR SEQUESTRADORA. ENTÃO, ELA FOI A UM PARQUE ONDE SÓ TINHA GRANFINOS. ESTAVA PASSANDO POR ALI UM GAROTO. ELA O SEQUESTROU E ESCREVEU UM BILHETE ASSIM:

"EU ESTOU COM TEU FILHO! ME DÊ 1.000.0000 DE REAIS QUE EU TE DEVOLVO A CRIANÇA. ASSINADO: LOIRA SEQUESTRADORA."

ENTÃO, A LOIRA SEQUESTRADORA DISSE AO MENINO:
— VÁ LEVAR ISTO PARA TUA MÃE.
O MENINO LEVOU O BILHETE E ENTREGOU À SUA MÃE. NO OUTRO DIA, O MENINO RETORNA À CASA DA LOIRA SEQUESTRADORA COM UMA MALA CHEIA DE DINHEIRO. DENTRO DA MALA, HAVIA OUTRO BILHETE QUE DIZIA ASSIM:

"ACHO ISTO UMA INJUSTIÇA! UMA LOIRA FAZER ISTO COM OUTRA! ADEUS! ASSINADO: MÃE LOIRA"

LOIRA OFENDIDA

UMA LOIRA ESTAVA NA PLATEIA DE UM TEATRO, ASSISTINDO PACIFICAMENTE O SHOW DE UM VENTRÍLOQUO FAMOSO, QUANDO, DE REPENTE, ELE E O BONECO COMEÇARAM A CONTAR PIADAS DE LOIRA. A MOÇA FICOU FURIOSA, LEVANTOU-SE DA SUA CADEIRA E GRITOU:
— PAREM COM ISSO! EU NÃO AGUENTO MAIS ESSAS HUMILHAÇÕES... TODOS FICAM ACHANDO QUE AS LOIRAS SÃO BURRAS! POIS, EU NÃO SOU, NÃO! VOCÊS DENIGREM A IMAGEM DAS MULHERES DESTA FORMA!
O VENTRÍLOQUO, ASSUSTADO, PARA O SHOW E SE LEVANTA PARA PEDIR DESCULPAS À MOÇA. MAS MAL ELE COMEÇA A FALAR, A LOIRA O INTERROMPE, GRITANDO MAIS ALTO AINDA:
— O SENHOR, SENTA AÍ! O MEU ASSUNTO NÃO É COM O SENHOR! É COM ESSE CARA SENTADO AÍ, NO SEU COLO, FAZENDO DE CONTA QUE NÃO É COM ELE!

NOVA LÍNGUA
A LOIRA VAI BUSCAR O FILHO NA ESCOLA E PERGUNTA:
— COMO FOI A AULA HOJE, FILHINHO?
— LEGAL, MÃE. APRENDEMOS ÁLGEBRA.
— AH, QUE BONITINHO! ENTÃO, DIZ PARA A MAMÃE COMO SE FALA "BOM DIA" EM ÁLGEBRA?

LOIRA INEXPERIENTE
UMA LOIRINHA NOVA, AINDA INEXPERIENTE EM SE VIRAR SOZINHA NESTE MUNDO TÃO COMPLEXO E DIFÍCIL DE ENTENDER, VAI AO SHOPPING SEM AS AMIGAS. PROVA ROUPAS A MANHÃ INTEIRA, ATÉ QUE FICA COM MUITA SEDE. ELA VÊ UM QUIOSQUE, MAS NÃO SABE COMO DEVE AGIR NESSAS HORAS. ENTÃO, MEIO INSEGURA, DIRIGE-SE AO BALCÃO E PERGUNTA:
— QUANTO CUSTA CADA COPO, MOÇO?
O RAPAZ DO QUIOSQUE PEGA UM COPO DE ÁGUA MINERAL E RESPONDE:
— NOVENTA CENTAVOS...
EM SEGUIDA, A LOIRA TIRA UM COPO DESCARTÁVEL DA BOLSA, E PERGUNTA:
— TÁ, ENTÃO, ME DÁ SÓ A ÁGUA!

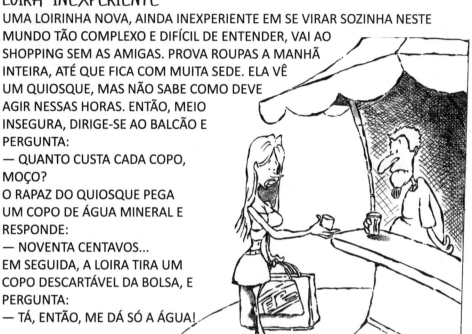

SURTO
O FREGUÊS ENTRA EM UMA FARMÁCIA E PERGUNTA À FARMACÊUTICA LOIRA:
— POR FAVOR, TEM REMÉDIO PARA BARATAS?
E A LOIRA RESPONDE:
— E O QUE ELAS ESTÃO SENTINDO?

BANHEIRO
POR QUE, QUANDO A LOIRA VAI AO BANHEIRO, NÃO FECHA A PORTA?
RESPOSTA: PARA NÃO OLHAREM PELA FECHADURA DA PORTA!!!

RAPAZ ENCANTADO

— UAU! ISSO É UMA CALÇADA OU UMA PASSARELA DE MODA?
— NÃO SEI NÃO, MOÇO... É QUE EU NÃO SOU DAQUI...

LOUCOS

CARTA DE UM LOUCO
UM LOUCO FALOU PARA OUTRO LOUCO:
— ESCREVI UMA CARTA PARA MIM MESMO.
— O QUE ELA DIZIA?
— COMO É QUE EU VOU SABER? AINDA NÃO RECEBI!

LOUCOS NO BANHO
DOIS LOUCOS ESTAVAM TOMANDO BANHO E UM DELES DISSE:
— DUVIDO QUE VOCÊ CONSIGA SUBIR NADANDO PELO CHUVEIRO.
O OUTRO RESPONDEU:
— EU NÃO. QUANDO EU CHEGAR LÁ EM CIMA, VOCÊ DESLIGA O CHUVEIRO E EU CAIO.

LOUCO NA BIBLIOTECA
O LOUCO PASSOU A TARDE LENDO A LISTA TELEFÔNICA. QUANDO DEVOLVEU A LISTA PARA O BIBLIOTECÁRIO, COMENTOU:
— NÃO ENTENDI O ENREDO DESSE LIVRO. MAS O ELENCO É ÓTIMO!

LOUCOS NO VOLANTE
DOIS LOUCOS PEGAM O CARRO DO DIRETOR DO HOSPÍCIO E SAEM PARA DAR UMA VOLTA. NO CAMINHO, CONVERSAM:
— COMO AS ÁRVORES PASSAM RÁPIDO!
— BOA IDEIA! VAMOS VOLTAR DE ÁRVORE?

CONVERSA DE LOUCOS
DOIS LOUCOS SE ENCONTRARAM NO CORREDOR DO HOSPÍCIO:
— EI! O SEU NOME É FERNANDO?
— NÃO.
— O MEU TAMBÉM NÃO!
— ENTÃO, SOMOS XARÁS! TOCA AQUI!

FUGA MALUCA

DOIS LOUCOS ESTAVAM COMBINANDO UM PLANO PARA FUGIR DO HOSPÍCIO. UM DELES FALOU:
— VÁ ATÉ LÁ FORA E VEJA DE QUE TAMANHO É O MURO.
LOGO DEPOIS, O LOUCO VOLTOU E DISSE:
— NÃO VAI DAR PARA EXECUTAR O PLANO.
— POR QUÊ?
— NÃO TEM MURO.

CONSERTO AUTOMOTIVO

O MOTORISTA RESOLVEU CONSERTAR O PISCA-PISCA DE SEU CARRO EM FRENTE A UM HOSPÍCIO E PEDIU AJUDA PARA UM DOS INTERNOS:
— VOCÊ PODERIA DAR UMA OLHADA SE O PISCA-PISCA ESTÁ FUNCIONANDO?
— CLARO — DISSE O PACIENTE. E LÁ FOI ELE PARA TRÁS DO CARRO.
— E, ENTÃO? ESTÁ FUNCIONANDO?
E O INTERNO RESPONDEU:
— TÁ. NÃO TÁ. TÁ. NÃO TÁ. TÁ. NÃO TÁ...

TESTE DE LOUCURA

O HOSPÍCIO ESTAVA LOTADO. OS MÉDICOS QUERIAM SE DESFAZER DE ALGUNS DOIDOS. ENTÃO, COLOCARAM TODOS OS MALUCOS PARA PULAR DE UM TRAMPOLIM EM UMA PISCINA. SÓ QUE A MESMA ESTAVA TOTALMENTE VAZIA. O PRIMEIRO DOIDO PULOU E SE ESBORRACHOU NO CHÃO. O SEGUNDO E O TERCEIRO TAMBÉM. UM POR UM IAM CAINDO DIRETO NO FUNDO DA PISCINA E PARECIA QUE NINGUÉM IA CONSEGUIR ALTA.
AÍ, FINALMENTE, UM OUTRO DOIDO CHEGOU, SUBIU NO TRAMPOLIM, OLHOU PARA BAIXO E VOLTOU. O MÉDICO DISSE:
— É ESSE AÍ! – E PERGUNTOU AO DOIDO POR CURIOSIDADE:
— POR QUE VOCÊ NÃO PULOU?
— NÃO CONTA PARA NINGUÉM, DOUTOR?
— CLARO QUE NÃO!
— É QUE EU NÃO SEI NADAR...

TOTÓ

O DOIDO ESTAVA PASSEANDO COM UMA ESCOVA DE DENTE PRESA POR UMA COLEIRA, ATÉ QUE O MÉDICO CHEGOU:
— TÁ PASSEANDO COM O CACHORRINHO NA COLEIRA?
— OH SEU BURRO, NÃO TÁ VENDO QUE ISSO É UMA ESCOVA DE DENTE?
O MÉDICO SAI TODO DECEPCIONADO, AÍ O DOIDO CHEGOU PARA ESCOVA E DISSE BAIXINHO:
— ENGANAMOS MAIS UM, TOTÓ!

OUTRO TESTE

OS MÉDICOS PRECISAVAM LIBERAR PACIENTES DO HOSPÍCIO SUPERLOTADO.
RESOLVERAM FAZER UM EXAME RADICAL PARA VER QUEM JÁ ESTAVA BOM. E
SAÍRAM PELOS CORREDORES DO HOSPÍCIO GRITANDO:
— INUNDAÇÃO!!!
TODOS OS DOIDOS COMEÇARAM A NADAR NO CHÃO, MENOS O FAMOSO
DOIDO, QUE ESTAVA SENTADO EM UM BANCO, SORRINDO. O MÉDICO PENSOU:
"É ESSE!" E PERGUNTOU PARA O DOIDO:
— POR QUE VOCÊ NÃO ESTÁ NADANDO?
— VOU ESPERAR A LANCHA QUE É MAIS RÁPIDO!

PORTA DE SAÍDA

NA AULA DE PINTURA, UM DOS DOIDOS DO HOSPÍCIO PEGOU O PINCEL E
PINTOU UMA PORTA NA PAREDE. DEPOIS, CHEGOU PARO O MÉDICO E DISSE:
— EH, EH! OLHA SÓ O QUE EU VOU FAZER... – E GRITA PARA TODOS OS LOUCOS
DO LUGAR – AÍ, GALERA, VAMOS FUGIR QUE TEM UMA PORTA ABERTA BEM AQUI!
OS DOIDOS VÃO CORRENDO, TROMBAM NA PAREDE E SE ESBORRACHAM
NO CHÃO. SÓ QUE O QUE PINTOU FICOU PARADO, RINDO. O MÉDICO, QUE
OBSERVAVA TUDO COM SEU SENSO CRÍTICO, PENSOU:
"ESSE DAÍ JÁ DEVE ESTAR BOM, OLHA SÓ O QUE ELE FEZ".
AÍ, O DOIDO DIZ PARA O MÉDICO:
— DOUTOR, OLHA COMO ESSES CARAS SÃO BURROS! NÃO SABEM QUE A CHAVE
ESTÁ COMIGO!

O LOUCO E O PINGUIM

O LOUCO ACORDA DE MANHÃ E ENCONTRA UM PINGUIM NO QUINTAL. O
VIZINHO DO LOUCO, QUE ESTAVA ESPIANDO PELO MURO, FAZ UMA SUGESTÃO:
— POR QUE VOCÊ NÃO LEVA O PINGUIM PARA O ZOOLÓGICO?
— BOA IDEIA! VOU LEVAR.
NO DIA SEGUINTE, O VIZINHO ENCONTRA O LOUCO COM O PINGUIM NO COLO.
— UÉ!? VOCÊ NÃO LEVOU O PINGUIM PARA O ZOOLÓGICO?
— LEVEI, SIM. HOJE VOU LEVÁ-LO AO PARQUE DE DIVERSÕES E AMANHÃ VAMOS
AO SHOPPING CENTER.

A SORTE DO LOUCO

O LOUCO VÊ UMA MÁQUINA DE REFRIGERANTE E FICA MARAVILHADO. COLOCA
UMA FICHINHA E CAI UMA LATINHA. COLOCA DUAS FICHINHAS E CAEM DUAS
LATINHAS. COLOCA DEZ FICHINHAS E CAEM DEZ LATINHAS. ENTÃO, ELE VAI AO
CAIXA E PEDE 50 FICHINHAS. O CAIXA COMENTA:
— DESSE JEITO, O SENHOR VAI ACABAR COM AS MINHAS FICHAS!
— NÃO VOU PARAR ENQUANTO ESTIVER GANHANDO.

TELEFONEMA MALUCO

O LOUCO LIGA PARA A PADARIA E PERGUNTA:

— O PÃOZINHO JÁ SAIU?

— JÁ, SIM, SENHOR.

— E A QUE HORAS ELE VOLTA?

LOUCO NO DENTISTA

O DENTISTA DO HOSPÍCIO ATENDE A UM DOS LOUCOS QUE HAVIA EXTRAÍDO UM DENTE NO DIA ANTERIOR.

— E ENTÃO, O SEU DENTE PAROU DE DOER?

— SEI LÁ! O SENHOR FICOU COM ELE!

PESCARIA MALUCA

O LOUCO ESTÁ SENTADO EM UM BANQUINHO, SEGURANDO UMA VARA DE PESCAR MERGULHADA EM UM BALDE COM ÁGUA.

O MÉDICO DO HOSPÍCIO PASSA E PERGUNTA:

— O QUE VOCÊ ESTÁ PESCANDO?

— OTÁRIOS, DOUTOR.

— JÁ PEGOU ALGUM?

— O SENHOR É O QUARTO!

JÁ NOS CONHECEMOS?

UM HOMEM COMENTA COM O LOUCO:

— CAVALHEIRO, JÁ VI O SEU ROSTO EM OUTRO LUGAR. ONDE TERIA SIDO?

— IMPOSSÍVEL! MEU ROSTO NUNCA SAI DO LUGAR. ESTÁ SEMPRE GRUDADO NA MINHA CABEÇA.

O LOUCO VEM AÍ

UM HOMEM PASSOU PERTO DE UM HOSPÍCIO E UM LOUCO, QUE HAVIA FUGIDO, COMEÇOU A CORRER ATRÁS DELE. DEPOIS DE TER PERCORRIDO O QUARTEIRÃO INTEIRO, O HOMEM PAROU E PERGUNTOU:

— O QUE VOCÊ QUER DE MIM?

O LOUCO SE APROXIMOU, TOCOU NO HOMEM E DISSE:

— PEGUEI! AGORA ESTÁ COM VOCÊ.

LOUCOS NA HORA DO LANCHE

DOIS LOUCOS ESTAVAM COMENDO BANANA.

ENQUANTO UM DESCASCAVA UMA BANANA, O OUTRO COMIA COM CASCA E TUDO.

— EI, POR QUE VOCÊ NÃO DESCASCA SUA BANANA?

— PARA QUÊ? EU JÁ SEI O QUE TEM DENTRO!

EM FAMÍLIA

ANIVERSÁRIO
A NAMORADA DO GAGO FAZIA ANIVERSÁRIO.
TOCA O TELEFONE:
— PA-PA-RA-BE-BE-BÉNS PRA VO-VOCÊ. ADI-VI-VINHA QUEM TÁ FA-FA-LANDO!

ACERTANDO O NOME
JÁ ERA TARDE DA NOITE. O TEOBALDO IA PASSANDO PERTO DE UM CEMITÉRIO,
QUANDO OUVE:
— "PLÉC, PLÉC, PLÉC..."
ELE, ENTÃO, ACELERA O PASSO, MAS O BARULHO PARECE AUMENTAR. — "PLÉC,
PLÉC, PLÉC..."
CURIOSO E ASSUSTADO, TEOBALDO ESTICA O PESCOÇO SOBRE O MURO E VÊ UM
HOMEM COM UMA TALHADEIRA E UM MARTELO, SENTADO EM
UM DOS TÚMULOS, TALHANDO A LÁPIDE.
— PUXA — MURMURA TEOBALDO, ALIVIADO.
— O SENHOR ME PREGOU UM SUSTO E
TANTO!
— DESCULPE — RESPONDE O HOMEM, E
CONTINUA O TRABALHO.
— AFINAL, O QUE O SENHOR ESTÁ FAZENDO?
—PERGUNTA TEOBALDO.
— ESTOU CORRIGINDO O MEU NOME... É QUE
ESCREVERAM ERRADO NA LÁPIDE E ISTO
EU NÃO SUPORTO!

BICICLETA NOVA
A GAROTINHA VAI DAR UMA VOLTA NA BICICLETA QUE GANHOU DE
ANIVERSÁRIO E FICA SE EXIBINDO PARA O PAI:
— OLHA, PAI. SEM AS MÃOS!
DÁ MAIS UMA VOLTA E GRITA:
— OLHA, PAI. SEM OS PÉS!
OUTRA VOLTA E PÁ! DÁ DE CARA COM UMA ÁRVORE.
— OLHA, PAI. SEM OS DENTES.

CONVERSA EM FAMÍLA...
NÃO FALO COM A MINHA ESPOSA HÁ MAIS DE UM ANO: NÃO GOSTO DE
INTERROMPÊ-LA...

— 22 —

QUE HORAS SÃO?

O FILHO DAQUELE CASAL ERA UMA PREGUIÇA SÓ. NÃO SE MEXIA POR NADA NESTE MUNDO. AÍ OS PAIS FORAM FAZER UMA VIAGEM PARA O EXTERIOR, MAS O FILHO NÃO QUIS IR, POIS ISSO CANSAVA DEMAIS O RAPAZ. ENTÃO, A MÃE, CHEIA DE MIMO, PERGUNTA AO FILHO:
— Ô, FILHINHO, VOCÊ QUER QUE A SUA MÃEZINHA TRAGA ALGUMA COISA DA VIAGEM PARA VOCÊ, QUER?
— SABE, MÃEZINHA, QUERO SIM! TRAZ UM DAQUELES RELÓGIOS QUE DIZEM AS HORAS, TÁ?
— UÉ, MAS E O SEU RELÓGIO NÃO DIZ, BENZINHO?
— NÃO, MÃEZINHA, EU SEMPRE TENHO QUE OLHAR PARA ELE PARA SABER QUE HORAS SÃO! ISSO DÁ UM CANSAÇO!

O ROQUEIRO

UM PASTOR MUITO FERVOROSO TINHA UM FILHO ROQUEIRO QUE IA COMPLETAR 18 ANOS. O FILHO ESTAVA LOUCO PARA DIRIGIR. ENTÃO, O RAPAZ RESOLVE PEDIR O CARRO EMPRESTADO AO PAI.
O PASTOR PENSA UM POUCO E RESPONDE:
— FILHO, VAMOS FAZER O SEGUINTE: VOCÊ MELHORA SUAS NOTAS NA ESCOLA, ESTUDA A BÍBLIA TODOS OS DIAS E CORTA ESSE CABELO. DEPOIS DISSO, VAMOS CONVERSAR.
PASSOU-SE UM MÊS E O RAPAZ ESFORÇOU-SE COMO PÔDE. ENTÃO, ELE VOLTA A PERGUNTAR AO PAI SE PODE USAR O CARRO.
— FILHO, EU ESTOU MUITO IMPRESSIONADO COM A SUA ATITUDE POSITIVA. VOCÊ DOBROU SUAS NOTAS NA ESCOLA E PODE ATÉ PASSAR DE ANO! ESTUDOU BEM A BÍBLIA, UM VERDADEIRO MILAGRE! SÓ FALTOU UMA COISA, MEU FILHO. POR QUE NÃO CORTOU O CABELO? PENSEI QUE TINHA ENTENDIDO O NOSSO TRATO.
— ENTENDI, PAPAI — DISSE O FILHO, COM EDUCAÇÃO EXEMPLAR. — MAS, LENDO A BÍBLIA, EU FIQUEI INTRIGADO, POIS SANSÃO USAVA CABELOS LONGOS, NOÉ TAMBÉM. ATÉ JESUS E OS APÓSTOLOS TINHAM CABELOS COMPRIDOS! E TODOS ERAM PESSOAS MUITO BOAS!
O PASTOR CONCORDOU, MAS RESPONDEU:
— É VERDADE, MEU FILHO. VOCÊ TEM TODA A RAZÃO. MAS TODOS ELES TAMBÉM ANDAVAM A PÉ.

FILHO CAÇULA

A MÃE PERGUNTA AO FILHO PEQUENO:

— FILHO, VOCÊ PREFERE GANHAR UM IRMÃOZINHO OU UMA IRMÃZINHA?

— PUXA, MÃE, SERÁ QUE NÃO DAVA PARA SER UMA BICICLETA?

QUE COCEIRA!

A TIA PERGUNTA AO SOBRINHO:

— MENINO, POR QUE VOCÊ ESTÁ COÇANDO TANTO A CABEÇA?

— É POR CAUSA DE UM PIOLHO MORTO.

— UM PIOLHO MORTO FAZ VOCÊ SE COÇAR TANTO ASSIM?

— É QUE OS PARENTES VIERAM PARA O VELÓRIO!

QUANTOS MOSQUITOS!

UM MENINO CHAMOU O PAI NO MEIO DA NOITE E DISSE:

— TEM MUITOS MOSQUITOS NO MEU QUARTO.

—APAGUE A LUZ QUE ELES VÃO EMBORA.

LOGO DEPOIS, APARECEU UM VAGA-LUME.

O MENINO CHAMOU O PAI OUTRA VEZ:

— PAI, SOCORRO! OS MOSQUITOS ESTÃO VINDO COM LANTERNAS.

PIADA DESCONHECIDA

O MENINO PERGUNTOU AO PAI:

— O SENHOR CONHECE A PIADA DO VIAJANTE?

— NÃO CONHEÇO.

— AH! QUANDO ELE VOLTAR, EU CONTO.

PARA NÃO ROER UNHA

DUAS AMIGAS SE ENCONTRAM NA RUA E UMA FALA PARA A OUTRA:

— ATÉ QUE ENFIM, CONSEGUI ACABAR COM O VÍCIO DO MEU PAI DE ROER AS UNHAS.

— E COMO VOCÊ FEZ ISSO?

— FOI FÁCIL. ESCONDI A DENTADURA DELE.

RESPOSTA DISTRAÍDA

O PAI ESTAVA CONCENTRADO ASSISTINDO AO SEU PROGRAMA DE TELEVISÃO FAVORITO, QUANDO O FILHO, QUE FAZIA O DEVER DE CASA, PERGUNTOU:

PAPAI, ONDE ESTÃO OS ALPES SUÍÇOS?

— PERGUNTE A SUA MÃE. ELA É QUEM GUARDA TUDO NESTA CASA.

GATO SABIDO

UM HOMEM NÃO QUERIA MAIS O GATO QUE TINHA. COLOCOU O GATO NO CARRO, LEVOU PARA LONGE E SOLTOU NA RUA.

QUANDO CHEGOU EM CASA, O GATO ESTAVA DEITADO NO SOFÁ. PEGOU O GATO E LEVOU DE NOVO, DESTA VEZ PARA UM LUGAR MAIS LONGE. QUANDO VOLTOU, LÁ ESTAVA ELE NO SOFÁ. IRRITADO LEVOU O BICHANO EMBORA PARA UM LUGAR MUITO LONGE. DUAS HORAS DEPOIS, O HOMEM TELEFONA PARA CASA:

— O GATO VOLTOU?

— VOLTOU. ESTÁ AQUI.

— PÕE ELE NO TELEFONE PARA ME EXPLICAR O CAMINHO DE CASA, PORQUE ESTOU PERDIDO!

ORGULHO DA MAMÃE

UMA MÃE MUITO CORUJA CONTA PARA A AMIGA:

— O MEU FILHINHO ESTÁ ANDANDO HÁ MAIS DE TRÊS MESES.

— NOSSA! A ESSA ALTURA, ELE JÁ DEVE ESTAR BEM LONGE.

PRESENTE DE AVÔ

O GAROTINHO, FELIZ DA VIDA, TELEFONA PARA O AVÔ:

— VOVÔ, AQUELA BATERIA QUE O SENHOR ME DEU FOI UM ÓTIMO PRESENTE. TODO DIA, EU GANHO UM SORVETE E UM CHOCOLATE DO VIZINHO SÓ PARA NÃO TOCAR.

PERGUNTAR NÃO OFENDE

O GAROTO VAI PESCAR COM O PAI E PERGUNTA:

— PAI, COMO OS PEIXES RESPIRAM DEBAIXO DA ÁGUA?

— NÃO SEI, MEU FILHO.

— E POR QUE OS BARCOS NÃO AFUNDAM?

— NÃO SEI, FILHO.

— POR QUE O CÉU É AZUL?

— ISSO EU TAMBÉM NÃO SEI.

— PAI, O SENHOR FICA IRRITADO QUANDO EU FAÇO ESSAS PERGUNTAS?

— CLARO QUE NÃO! SE VOCÊ NÃO PERGUNTAR, NUNCA VAI APRENDER NADA!

ENTRE AMIGOS
UM HOMEM ESTAVA SAINDO DA FARMÁCIA E ENCONTROU UM AMIGO QUE LHE PERGUNTOU:
— VOCÊ ESTÁ DOENTE?
— POR QUE A PERGUNTA?
— UÉ, VOCÊ ESTÁ SAINDO DA FARMÁCIA!
— QUER DIZER QUE SE ESTIVESSE SAINDO DO CEMITÉRIO VOCÊ PERGUNTARIA SE EU TINHA RESSUSCITADO?

PARECIDO COM A SOGRA
— O SENHOR É A CARA DA MINHA SOGRA. A ÚNICA DIFERENÇA É O BIGODE.
— MAS EU NÃO TENHO BIGODE.
— POIS É! MINHA SOGRA TEM!

MARIDO E MULHER
A MULHER LIGA PARA O MARIDO:
— QUERIDO, TENHO UMA NOTÍCIA BOA E UMA MÁ!
— SINTO MUITO, ESTOU NO MEIO DE UMA REUNIÃO. CONTE SÓ A NOTÍCIA BOA.
— O AIRBAG DO SEU CARRO ESTÁ FUNCIONANDO DIREITINHO.

MÃE CUIDADOSA
NA PRAIA, O GAROTINHO PERGUNTA:
— MAMÃE! JÁ POSSO ENTRAR NA ÁGUA?
— VAI, SIM, FILHO. MAS TENHA CUIDADO PARA NÃO SE MOLHAR.

TEMPO CHUVOSO
A MULHER COMENTA COM O MARIDO QUE ESTÁ DISTRAÍDO ASSISTINDO AO JOGO DE FUTEBOL:
— O RÁDIO ANUNCIOU BOM TEMPO PARA HOJE, MAS ESTÁ CHOVENDO SEM PARAR.
— JÁ DISSE QUE VOCÊ PRECISA MANDAR CONSERTAR ESSE RÁDIO!

MENINO EDUCADO
UM HOMEM OBSERVA UM MENINO DE MÃO DADA COM A MÃE E RESOLVE PUXAR CONVERSA:
— QUE GAROTO BONITO! COMO VOCÊ SE CHAMA?
— JUQUINHA.
A MÃE CHAMA A ATENÇÃO DO MENINO:
— FILHO, SEJA EDUCADO, DIGA "SENHOR".
— TÁ BOM. EU ME CHAMO SENHOR JUQUINHA.

CAPA EMPRESTADA
DOIS IRMÃOS SE ENCONTRARAM NA FILA DO CINEMA, EM UMA NOITE CHUVOSA.
— QUE NEGÓCIO É ESSE DE USAR MINHA CAPA? — DIZ O MAIS VELHO.
O CAÇULA RESPONDE:
— VOCÊ NÃO IA QUERER QUE EU MOLHASSE SEU TERNO NOVO, NÃO É?

PAI CORUJA
UM PAI, EMPOLGADO COM O NASCIMENTO DE SEU PRIMEIRO FILHO, DIZ A UM AMIGO:
— ELE TEM OS MEUS OLHOS, A MINHA BOCA E UM QUEIXO IGUALZINHO AO MEU.
— NÃO SE PREOCUPE. COM O TEMPO, ELE MELHORA!

CONFUSÃO ENTRE VIZINHOS
O VIZINHO IRRITADO RECLAMA COM A VIZINHA:
— QUER FAZER O FAVOR DE PEDIR AO SEU FILHO QUE PARE DE ME IMITAR?
A MULHER FALA PARA O FILHO:
— EU JÁ DISSE PARA VOCÊ PARAR DE BANCAR O BOBO.

O BALÉ
A FILHA PERGUNTA PARA O PAI:
— E ENTÃO? COMO FOI O BALÉ QUE O SENHOR E A MAMÃE VIRAM ONTEM?
—AH! OS BAILARINOS ERAM MUITO EDUCADOS. VIRAM QUE EU ESTAVA DORMINDO E DANÇARAM O TEMPO TODO NA PONTINHA DOS PÉS.

O PRIMEIRÍSSIMO
O MARIDO PERGUNTA PARA A JOVEM ESPOSA:
— QUERIDA, DIZ QUE EU SOU O PRIMEIRO HOMEM DA TUA VIDA...
ELA OLHA PARA ELE E RESPONDE:
— PODE SER... A TUA CARA NÃO É ESTRANHA!

NOITE E DIA
EM UMA NOITE DE LUA CHEIA, JOAQUINZINHO PERGUNTA AO SEU AVÔ, O PROFESSOR MANOEL:
— VÔ, QUE É MAIS IMPORTANTE? O SOL OU A LUA?
— BEM, A LUA É MAIS IMPORTANTE, NETINHO! A LUA PODE ILUMINAR QUANDO ESTÁ ESCURO. É GRAÇAS A ELA QUE NÓS CONSEGUIMOS ENXERGAR UM POUCO À NOITE...
— MAS VOVÔ, E O SOL?
— O SOL NÃO SERVE PARA NADA, MEU NETINHO. IMAGINE QUE ELE SÓ BRILHA DE DIA, JUSTO QUANDO TUDO ESTÁ CLARO, E EM DIA DE CHUVA SE ESCONDE...

PRODUTO EFICAZ
SEU JOAQUIM CHEGA EM CASA TODO FELIZ:
— PRONTO, MARIA. TÁ AQUI A ENCOMENDA QUE VOCÊ PEDIU.
— MAS, Ó, JOAQUIM, ERA PRA TRAZER-ME VENENO PARA RATOS E ISTO AQUI É UMA CAIXA DE CHÁ!
— MAS MARIA, TOLINHA! AQUI ESTÁ DIZENDO MATE LEÃO. SE ISTO MATA ATÉ LEÃO, IMAGINA OS RATOS!

IRMÃO GULOSO
A MÃE FICA BRABA COM O FILHO MAIS VELHO:
— POR QUE VOCÊ NÃO DEU UMA PERA AO SEU IRMÃOZINHO?
— PORQUE ME ENGANEI E COMI A DELE.
— E ESSA QUE ESTÁ NA SUA MÃO?
— AH! ESTA É A MINHA!

PRESENTE PARA NAMORADA

O RAPAZ CONTA PARA UM AMIGO:
— NO NATAL DO ANO PASSADO, DEI UM COLAR DE PÉROLAS PARA MINHA NAMORADA.
— E O QUE ELA ACHOU?
— DISSE QUE NÃO TINHA PALAVRAS PARA AGRADECER. NÃO SEI QUAL PRESENTE DEVO COMPRAR ESTE ANO.
— ORA, COMPRE UM DICIONÁRIO!

AÇOUGUEIRO

A DONA DE CASA PEDE PARA O MENINO:
— FILHO, VÁ VER SE O AÇOUGUEIRO TEM PÉ DE PORCO.
O GAROTO SAI E VOLTA MEIA HORA DEPOIS:
— NÃO CONSEGUI VER, MÃE. ELE ESTAVA CALÇADO.

A MORTADELA

HAVIA UM MENINO CHAMADO JESUS QUE SÓ SAÍA ACOMPANHADO DE SUA MÃE. UM DIA, A MÃE DELE ESTAVA OCUPADA E PEDIU PARA JESUS BUSCAR MORTADELA NA PADARIA.
— MAS, MÃE, ONDE É A PADARIA?
— ONDE TIVER MAIS GENTE NA PORTA VOCÊ PODE ENTRAR QUE É A PADARIA.
O MENINO VIU A IGREJA CHEIA E ACHOU QUE FOSSE ALI. ENTROU E OUVIU O PADRE PERGUNTAR:
— O QUE JESUS VEIO FAZER AQUI NA TERRA?
E JESUS RESPONDEU BEM ALTO:
— COMPRAR MORTADELA!

NO MÉDICO

NEURA
SEU GERSINO FOI AO PSIQUIATRA:
— SOU TÃO INFELIZ, DOUTOR. NINGUÉM GOSTA DE MIM!
E O PSIQUIATRA:
— NÃO É VERDADE. OLHE PARA MIM, EU GOSTO DE VOCÊ.
— TÁ BOM. SÓ QUE EU NÃO POSSO PAGAR TODO MUNDO PARA GOSTAR DE MIM!

MARIDO MANCO
A MULHER PERGUNTA AO MÉDICO:
— DOUTOR, MEU MARIDO MANCA PORQUE TEM UMA PERNA MAIOR DO QUE A OUTRA. O QUE O SENHOR FARIA NESSE CASO?
— PROVAVELMENTE MANCARIA TAMBÉM.

LARINGOLOGISTA
UM PACIENTE SOLTEIRO FOI AO MÉDICO, QUEIXANDO-SE QUE RONCAVA TÃO ALTO A PONTO DE ACORDAR ATÉ A SI MESMO. O MÉDICO, ENTÃO, RECOMENDOU:
— ACHO QUE O SENHOR DEVE DORMIR EM OUTRO QUARTO.

IMPACIENTE
O VISITANTE VAI PASSANDO PELO CORREDOR DO HOSPITAL, QUANDO VÊ O AMIGO SAINDO DISPARADO, CHEIO DE TUBOS, DA SALA DE CIRURGIA.
— ONDE É QUE VOCÊ VAI, RAPAZ?
— TÁ LOUCO, CARA. EU VOU É CAIR FORA!
— MAS SÓ POR CAUSA DE UMA SIMPLES OPERAÇÃO DE APENDICITE? VOCÊ É CORAJOSO E TIRA ISSO DE LETRA. VAI FUNDO!
– AH, É? SABE O QUE A ENFERMEIRA ESTAVA DIZENDO LÁ DENTRO PARA O MÉDICO? FALAVA ASSIM:
— É SÓ UMA OPERAÇÃOZINHA DE NADA! VOCÊ TIRA ISSO DE LETRA! VAI FUNDO, CARA!
— ENTÃO, POR QUE VOCÊ ESTÁ FUGINDO?
— PORQUE ELA ESTAVA DIZENDO ISSO PARA O MÉDICO QUE IA ME OPERAR!

A FRASE DO FRASCO

DEPOIS DE FAZER UMA SÉRIE DE EXAMES, O MÉDICO RECEITOU TRÊS REMÉDIOS AO PORTUGUÊS. UMA SEMANA DEPOIS, O PORTUGUÊS ESTAVA MUITO PIOR. NINGUÉM ENTENDIA NADA E MARIA FOI CORRENDO CHAMAR O MÉDICO NOVAMENTE. O MÉDICO COMEÇOU A QUESTIONAR O PORTUGUÊS:
— O SENHOR COMPROU OS REMÉDIOS QUE EU LHE PASSEI? — PERGUNTA O MÉDICO AO PORTUGUÊS.
— MAS É CLARO QUE EU COMPREI, DOUTOURE!
— E ESTÁ TOMANDO DIREITINHO COMO INDIQUEI?
— MAS DOUTOURE, TOMAR DE QUE JEITO? TODOS OS FRASCOS ESTÃO COM UMA INSCRIÇÃO: "MANTENHA O FRASCO SEMPRE FECHADO"!

PEIXE SAUDÁVEL

UM HOMEM PERGUNTA AO SEU AMIGO QUE É MÉDICO:
— PEIXE É REALMENTE SAUDÁVEL?
— BEM, PELO MENOS ATÉ HOJE EU NUNCA ATENDI NENHUM PEIXE EM MEU CONSULTÓRIO.

GATO

O SUJEITO, MUITO ESQUISITO, VAI AO PSIQUIATRA.
— DOUTOR, DOUTOR! O MEU PROBLEMA É QUE EU ACHO QUE SOU UM GATO!
— HÁ QUANTO TEMPO VOCÊ VEM PENSANDO ISSO? — PERGUNTA O PSIQUIATRA.
— AH, DESDE QUE EU ERA UM FILHOTINHO!

NO CONSULTÓRIO

UM MÉDICO DIZIA CURAR O PACIENTE PELA AUTOSSUGESTÃO:
— DIGA TRÊS VEZES: "EU ESTOU CURADO".
O DOENTE OBEDECE E SE SENTE REALMENTE CURADO. O MÉDICO COBRA 2 MIL REAIS PELA CONSULTA E O CLIENTE ACONSELHA:
— DIGA TRÊS VEZES: "EU JÁ FUI PAGO".

A MULHER FOI AO MÉDICO

— DOUTOR, O MEU MARIDO ESTÁ LOUCO! DE VEZ EM QUANDO, ELE COMEÇA A CONVERSAR COM O ABAJUR!
— E O QUE ELE DIZ?
— EU NÃO SEI!
— COMO NÃO SABE? A SENHORA NÃO DISSE QUE O VIU CONVERSANDO COM O ABAJUR?
— NÃO. EU DISSE APENAS QUE ELE CONVERSA COM O ABAJUR.
— MAS, ENTÃO, COMO FOI QUE A SENHORA DESCOBRIU?
— FOI O ABAJUR QUE ME CONTOU!

MÁS NOTÍCIAS

O MÉDICO LIGA PARA O PACIENTE:
— SEUS EXAMES FICARAM PRONTOS.
— E AÍ, DOUTOR? TUDO BEM?
— BEM NADA, RAPAZ! TENHO DUAS NOTÍCIAS E UMA DELAS É MUITO RUIM.
— DIZ LOGO, ME FALA A RUIM DE UMA VEZ!
— VOCÊ TEM APENAS 24 HORAS DE VIDA!
— 24 HORAS? MEU DEUS, NÃO PODE SER!
DEPOIS DE ALGUNS SEGUNDOS.
— E A OUTRA NOTÍCIA?
— LIGUEI PARA VOCÊ ONTEM O DIA TODO, MAS SÓ DAVA OCUPADO!

MÉDICO MALUCO
O MÉDICO PEDE PARA O PACIENTE QUE SE DEBRUCE NA JANELA E PONHA A LÍNGUA PARA FORA. O PACIENTE OBEDECE, MAS DEPOIS PERGUNTA:
— DOUTOR, QUE TIPO DE EXAME É ESSE?
— NÃO É EXAME. É QUE EU NÃO GOSTO DOS VIZINHOS.

MÉDICO INSATISFEITO
O MÉDICO OLHA PARA O RESULTADO DO EXAME, TORCE O NARIZ E FALA PARA O PACIENTE, UM SUJEITO MEIO CAIPIRA, HUMILDE:
— HUM... A SUA DOENÇA NÃO ESTÁ ME AGRADANDO NEM UM POUCO!
E O CAIPIRA, MEIO SEM JEITO, RESPONDE:
— SINTO MUITO, SEU DOTÔ! MAS EU SÓ TENHO ESTA!

NO HOSPITAL
A ENFERMEIRA CHAMA UMA VELHINHA QUE ESTAVA DORMINDO:
— ACORDA, SENHORA! ESTÁ NA HORA DE TOMAR O SEU REMÉDIO PARA DORMIR...

SAÚDE DE FERRO E VIDA LONGA
NO CONSULTÓRIO, O PACIENTE PERGUNTA:
— DOUTOR, O SENHOR ACHA QUE EU TENHO CHANCES DE VIVER ATÉ OS CEM ANOS?
— VOCÊ FUMA? – PERGUNTA O MÉDICO.
— NUNCA FUMEI.
— BEBE?
— DETESTO BEBIDA.
— E A SUA ALIMENTAÇÃO? COMO É?
— BOM, EU SEMPRE EVITEI GORDURAS E NÃO COMO CARNE.
— O SENHOR JOGA, DIRIGE CARROS EM ALTA VELOCIDADE, SAI COM MULHERES?
— NÃO, DOUTOR. NÃO COSTUMO FAZER NADA DISSO.
O MÉDICO FICA PENSATIVO, ANALISANDO O CASO E, ALGUNS MOMENTOS DEPOIS:
— DIZ PARA MIM. O SENHOR QUER VIVER ATÉ OS CEM ANOS, PARA QUÊ??

NO DENTISTA
— FUI AO DENTISTA PARA TIRAR UM DENTE E ELE TIROU TRÊS.
— SEUS DENTES ESTAVAM ESTRAGADOS?
— NÃO. MAS O DENTISTA NÃO TINHA TROCO.

CAIPIRA

QUEM SABE MAIS?

O CAIPIRA VEIO PARA SÃO PAULO E FICOU COMPLETAMENTE PERDIDO. ENTÃO, PERGUNTOU A UM SUJEITO QUE ESTAVA SENTADO NA PRAÇA, FUMANDO.

— 'DIA, MOÇO... O *SINHÔ* SABE ONDE É QUE FICA O *TERMINAR DE ÔNIMBUS* DA PRAÇA DAS ARVES?

— PRAÇA DA ÁRVORE? – CORRIGIU O PAULISTANO.

— ISSO. PRAÇA DAS ARVES!

— FICA ALI! NA PRIMEIRA RUA À ESQUERDA. QUALQUER IDIOTA SABE!

— MAS FOI POR ISSO QUE EU PERGUNTEI PARA O *SINHÔ*, UAI!

BRIGA DE GALO

O CAIPIRA GANHAVA TODAS AS APOSTAS DAS BRIGAS DE GALO DAQUELE VILAREJO, QUANDO UM SUJEITO DA CIDADE, CANSADO DE PERDER, CHEGA PARA ELE E DIZ:

— VEJO QUE O SENHOR É UM GRANDE ENTENDIDO EM BRIGAS DE GALOS.

— POIS É... – RESPONDE O CAIPIRA, TIMIDAMENTE.

— EU JÁ PERDI QUASE TODO O MEU DINHEIRO. NÃO ACERTEI UMA APOSTA... PODE ME AJUDAR E DIZER QUAL É O GALO BOM DA PRÓXIMA LUTA?

— O BOM É O GALO BRANCO, *SÔ*... – RESPONDE O CAIPIRA.

O SUJEITO DA CIDADE, RAPIDAMENTE, APOSTA TODO O RESTO DO SEU DINHEIRO NO GALO BRANCO. O GALO BRANCO É TRUCIDADO PELO OUTRO, SEM A MENOR CHANCE. ENTÃO, O SUJEITO PERGUNTA AO CAIPIRA:

— VOCÊ NÃO ME DISSE QUE O GALO BRANCO ERA O BOM?

— POIS *ENTONCES*... O BRANCO ERA O BOM... O PRETO É QUE ERA O MARVADO, *SÔ*!

O CAIPIRA E A TV

O CAIPIRA ESTAVA TRANQUILO, DEITADO NA SALA ASSISTINDO À TELEVISÃO, QUANDO O SEU COMPADRE PASSOU E ACENOU PELA JANELA:

— BOM DIA, COMPADRE... FIRME?

— NÃO. POR ENQUANTO TÁ PASSANDO FUTEBOR...

— 34 —

HISTÓRIAS DE PESCADOR

— ÓIA, EU ANDO COM UMA SORTE DESGRAMADA, CUMPÁDI! CALCULE OCÊ QUE ÔTRO DIA EU PESQUEI UM LAMBARI DE SETE QUILOS!
— LAMBARI DE SETE QUILOS?!
— TÁ DUVIDANDO, CUMPÁDI?
— NÃO, DE JEITO NENHUM! ESSE RIO ONDE NÓIS PESCA É UM ASSOMBRO MEMO! CALCULE O CUMPÁDI QUE ÔTRO DIA EU TAVA PESCANDO E O ANZOL COMEÇÔ A PUXÁ. LOGO VI QUE ERA COISA GRANDE! DEI UM PÔCO DE LINHA. AÍ, FUI PUXANDO, PUXANDO... QUANDO TIREI O DANADO DA ÁGUA, SABE O QUE ERA? UM LAMPIÃO! E O MAIS IMPRESSIONANTE É QUE TAVA ACESO!
— AH, NÃO! AÍ O CUMPÁDI FORÇÔ DEMAIS! LAMPIÃO ACESO?! ONDE É QUE JÁ SE VIU PESCÁ UM TREM DESSE, SÔ?!
— TÁ BÃO, TÁ BÃO! ENTÃO, VAMO FAZÊ ASSIM: O CUMPÁDI DIMINUI O SEU LAMBARI E EU APAGO O MEU LAMPIÃO...

PESCARIA

UM PESCADOR CHEGA NA BEIRA DO RIO E PERGUNTA PARA O OUTRO PESCADOR QUE JÁ ESTAVA LÁ:
— ESTÁ BOM PARA PEIXE?
— ESTÁ ÓTIMO. ATÉ AGORA, NÃO PEGUEI NENHUM.

PEDIDO 1

UM HOMEM DA ROÇA FOI AO CARTÓRIO DA ÚNICA CIDADE QUE HAVIA POR PERTO E PEDIU PARA FALAR COM UM JUIZ. ENTÃO, ELE FOI ENCAMINHADO AO JUIZ LOCAL, E O CAIPIRA FEZ O SEU PEDIDO.
— SEU JUIZ, SÓ O SENHOR PODE ME AJUDAR.
— QUAL É O SEU PROBLEMA?
— EU QUERO TROCAR O MEU NOME.
— E QUAL É O SEU NOME DE REGISTRO?
— O MEU NOME É GALO CANTOR DOS DIAS AO AMANHECER ENSOLARADO NO QUINTAL DE MINAS GERAIS.
O JUIZ COÇA A BARBA E, PARA NÃO DIZER OUTRA COISA, OBSERVA:
— É MESMO UM NOME MUITO COMPRIDO. VOU LHE AJUDAR. COMO É QUE O SENHOR QUER SE CHAMAR AGORA?
— APENAS COROCOCÓ!

O CAIPIRA NA RODOVIÁRIA

O CAIPIRA VAI À RODOVIÁRIA PARA COMPRAR PASSAGEM:
— QUERO UMA PASSAGEM PARA O ESBUI.
— NÃO ENTENDI, O SENHOR PODE REPETIR?
— QUERO UMA PASSAGEM PARA O ESBUI!
— SINTO MUITO, SENHOR, NÃO TEMOS PASSAGEM PARA O ESBUI.
CHATEADO, O CAIPIRA SE AFASTA DO GUICHÊ, APROXIMA-SE DO AMIGO QUE ESPERA DE LONGE E LAMENTA:
— OLHA, ESBUI, O HOMEM FALOU QUE PRA VOCÊ NÃO TEM PASSAGEM, NÃO!

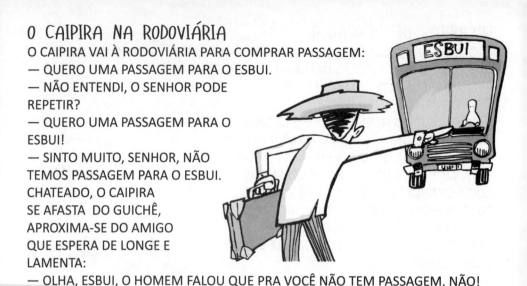

CAIPIRA NA CIDADE

UM CAIPIRA FOI MORAR NA CIDADE GRANDE E, SEM SABER O QUE ERA, ENTROU NA LINHA DO TREM.
FOI ANDANDO SOBRE OS TRILHOS ATÉ SER ATROPELADO POR UM TREM. TEVE DE SER SOCORRIDO COM URGÊNCIA NO HOSPITAL E PASSOU DIAS SE RECUPERANDO DO ACIDENTE. DEPOIS QUE RECEBEU ALTA, O CAIPIRA FICOU TRAUMATIZADO:
FOI PRESO EM UM SHOPPING CENTER, POR TER DESTRUÍDO UM FERRORAMA, ENQUANTO BERRAVA:
— ESSE MONSTRO A GENTE TEM DE MATAR ENQUANTO É PEQUENO!

CADA NOME...
DOIS AMIGOS, DEPOIS DE UM LONGO TEMPO SEM SE VEREM, REENCONTRAM-SE EM UM PARQUE DA CIDADE.
— OLÁ, VALDINHO, SOUBE QUE VOCÊ SE CASOU! – COMENTA O PRIMEIRO.
— ÔXE! FAZ BASTANTE TEMPO! JÁ TENHO DUAS FILHAS!
— QUE BELEZA! COMO ELAS SE CHAMAM?
— BOM, A MAIS VELHA SE CHAMA CORISTINA E A MAIS NOVA NOVALGINA. E VOCÊ ÔMI, JÁ TEM FILHOS?
— TENHO UMA FILHA!
— E COMO ELA SE CHAMA, UAI?
— MARIA.
— MARIA? CRUZES! TEVE CORAGEM DE COLOCAR NOME DE BOLACHA NA SUA FILHA?

TELEFONE PÚBLICO
UM CAIPIRA VAI AO ÚNICO TELEFONE PÚBLICO QUE TEM NA CIDADE, MAS LÁ ENCONTRA UM INDIVÍDUO MUITO FOLGADO DA CIDADE GRANDE, QUE NÃO LARGA O APARELHO DE JEITO NENHUM.
— O *SINHÔ ME DESCURPE* – DISSE O CAIPIRA, CUTUCANDO AS COSTAS DO HOMEM — JÁ TEM PARA MAIS DE MEIA HORA QUE O SINHÔ TÁ AÍ COM ESSE TELEFONE NA MÃO E NÃO DIZ UMA PALAVRA!
— POIS É – DISSE O SUJEITO, TAMPANDO O FONE – ESTOU FALANDO COM MINHA MULHER!

EM SE PLANTANDO...
O FAZENDEIRO PARA O CAIPIRA:
— NESTA TERRA DÁ ARROZ?
— NÃO DÁ NÃO, SINHÔ.
— E FEIJÃO, DÁ?
— DE JEITCHO NINHUM!
— DÁ FRUTAS E VERDURAS?
— TAMÉM NÃO DÁ NÃO, SINHÔ.
— SOJA, CAFÉ, AMENDOIM, NÃO DÁ?
— JÁ DISSE, *DOUTÔ, NÃO DÁ NADINHA*!
— QUER DIZER QUE NÃO ADIANTA EU PLANTAR NADA AQUI?
— AH, BOM! *PRANTANDO* JÁ É OUTRA COUSA, NÉ?

PORTUGUESES

FUGA DO ZÔO
O PORTUGUÊS LEVA O MANOELZINHO AO ZOOLÓGICO. AO PASSAREM EM FRENTE À JAULA DO LEÃO, VIRAM UMA PLACA: "CUIDADO! LEÃO PERIGOSO!".
AO PASSAREM EM FRENTE À JAULA DO TIGRE, VIRAM OUTRA PLACA: "CUIDADO! TIGRE PERIGOSO!".
AO PASSAREM EM FRENTE A UMA JAULA VAZIA, VIRAM A PLACA: "CUIDADO! TINTA FRESCA!".
AÍ, O PORTUGUÊS AGARROU O MANOELZINHO PELO BRAÇO E SAIU CORRENDO, GRITANDO:
— SOCORRO! SOCORRO! A TINTA FRESCA FUGIU!

PROBLEMA OCULAR
TINHA UM PRIMO DO MANUEL QUE HÁ MUITOS ANOS SOFRIA DE UM MAL SINGULAR. ERA SÓ TOMAR UM GOLE DE CAFÉ E JÁ SENTIA UMA FORTE PONTADA NO OLHO ESQUERDO.
NÃO HAVIA REMÉDIO QUE CURASSE AQUILO. E OLHA QUE ELE ADORAVA CAFÉ. ATÉ QUE, UM DIA, UM MÉDICO, AMIGO DA FAMÍLIA, O ACONSELHOU:
— Ô, JOAQUIM! POR QUE NÃO EXPERIMENTAS TIRAR A COLHERINHA DE DENTRO DA XÍCARA?

NA GUERRA
— COMANDANTE JOAQUIM! ESTOU A AVISTAIRE UMA TROPA QUE SE ENCAMINHA DIRETAMENTE AO NOSSO FORTE!
— SÃO AMIGOS OU INIMIGOS, SENTINELA MANUEL?
— OLHA, EU ACHO QUE SÃO AMIGOS. VÊM TODOS JUNTOS...

O MESMO LOCAL!!!

DOIS AMIGOS PORTUGUESES ALUGARAM UM BARCO E FORAM PESCAR. NESSE DIA, DERAM SORTE E PEGARAM MUITOS PEIXES. UM FALA PARA O OUTRO.
— MANOEL, MARCA BEM ESTE LOCAL QUE É BOM.
UMA SEMANA APÓS, OS AMIGOS SE ENCONTRAM PARA PESCAR.
— MANOEL, VOCÊ MARCOU BEM O LOCAL?
— MARQUEI SIM, JOAQUIM, FIZ UM X BEM GRANDE NO LADO DO BARCO.
O AMIGO, DESESPERADO, INDAGA:
—MANOEL! MANOEL! E SE NÃO CONSEGUIRMOS ALUGAR O MESMO BARCO?

CONCURSO

QUATRO SOLDADOS DE DIFERENTES PAÍSES (UM AMERICANO, UM JAPONÊS, UM ESPANHOL E UM PORTUGUÊS) SE ENCONTRAVAM EM UM CAMPO DE CONCENTRAÇÃO.
O DIRETOR DO CAMPO ARRANJOU UMA DIVERSÃO NADA ENGRAÇADA PARA FAZER COM OS SOLDADOS: PROMOVEU UM TESTE DE CONTAR PIADAS. MAS SÓ SE TODOS DA PRISÃO RISSEM (INCLUINDO O DIRETOR), A VIDA DO CONTADOR DA PIADA SERIA POUPADA. MAS AINDA QUE FICASSE SOMENTE UMA PESSOA SÉRIA, O CONTADOR DE PIADAS SERIA ENFORCADO.
O PRIMEIRO FOI O AMERICANO: CONTOU UMA PIADA ENGRAÇADÍSSIMA E TODOS RIRAM, MENOS O PORTUGUÊS. O DIRETOR, VENDO O PORTUGUÊS SÉRIO, FALOU:
— MATEM O AMERICANO SEM GRAÇA!
E LÁ SE FOI O POBRE GRINGO...
O PRÓXIMO FOI O JAPONÊS: CONTOU UMA PIADA AINDA MAIS ENGRAÇADA, E MAIS UMA VEZ TODOS RIRAM, MENOS O PORTUGUÊS.
O DIRETOR, VENDO O PORTUGUÊS SÉRIO, ORDENOU:
— MATEM ESSE JAPONÊS QUE NÃO SABE CONTAR PIADAS!
E CHEGOU A VEZ DO ESPANHOL. ASSIM QUE COMEÇOU, O PORTUGUÊS

CAIU NA RISADA. E PASSOU A RIR SEM PARAR!
O DIRETOR, SEM ENTENDER NADA, PERGUNTOU PARA O PORTUGUÊS:
— MAS, HOMEM, O ESPANHOL NEM COMEÇOU A CONTAR A PIADA... DO QUE ESTÁ RINDO?
E O PORTUGUÊS:
— MUITO BOA A PIADA DO AMERICANO!

VARIADAS

ESMOLA
MENDIGO CHEGA PARA UMA SENHORA E PEDE UMA ESMOLA.
— EM VEZ DE FICAR PEDINDO ESMOLAS, POR QUE NÃO VAI TRABALHAR?
DONA, ESTOU PEDINDO ESMOLA E NÃO CONSELHOS!

SABEDORIA MUSICAL
AQUELE POLÍTICO FAMOSO VAI ASSISTIR A INAUGURAÇÃO DE UM TEATRO EM UMA PEQUENA CIDADE DO INTERIOR. O ESPETÁCULO COMEÇA COM UM RECITAL DE UM PIANISTA MUITO CONHECIDO. TENTANDO EVITAR UM VEXAME, O POLÍTICO SE VIRA PARA O SEU ASSESSOR E PERGUNTA:
— VOCÊ ENTENDE DE MÚSICA?
— UM POUCO — RESPONDE O ASSESSOR.
— O QUE É QUE ESSE CARA ESTÁ TOCANDO?
— PIANO!

MÃO DE OBRA
DOIS TURISTAS DO MARROCOS VIERAM PARA O BRASIL. CHEGARAM EM SÃO PAULO E PASSARAM A OBSERVAR OPERÁRIOS QUE TRABALHAVAM NA CONSTRUÇÃO CIVIL. EM UMA DAS CONSTRUÇÕES, OS TURISTAS MARROQUINOS PERGUNTARAM, COM A AJUDA DE UM INTÉRPRETE:
— ESCUTA, QUANTO É QUE VOCÊS GANHAM?
E OS OPERÁRIOS RESPONDERAM:
— EU GANHO 320 REAIS!
E OUTRO RESPONDEU:
— E EU, 400 REAIS!
OS MARROQUINOS, DEPOIS DE FAZER A TRADUÇÃO, FIZERAM UNS CÁLCULOS EM SEUS COMPUTADORES E, FINALMENTE, DISSERAM:
— VAMOS PARA O EGITO! LÁ, VOCÊS IRÃO GANHAR MUITO MAIS DINHEIRO.
OS OPERÁRIOS ACEITARAM NA HORA. OS MARROQUINOS FRETARAM UM AVIÃO E SE FORAM ATRAVÉS DO ATLÂNTICO. MAS, DE REPENTE, O AVIÃO PRECISOU FAZER UM POUSO NO DESERTO DO SAARA. AÍ, QUANDO ELES OLHARAM PELA ESCOTILHA DO AVIÃO, UM DOS OPERÁRIOS COLOCOU A MÃO NA CABEÇA E DISSE PARA O OUTRO:
— SEVERINO, QUANDO CHEGAR O CIMENTO... NÓS TAMO TUDO FRITO!

PROFISSIONAIS

TRÊS SUJEITOS DISCUTIAM SOBRE QUEM TINHA A PROFISSÃO MAIS ANTIGA:
— NÃO QUE EU QUEIRA CONTAR VANTAGEM, MAS OS MEUS ANTEPASSADOS CONSTRUÍRAM A ARCA DE NOÉ – DISSE O MARCENEIRO.
— AH! ISSO NÃO É NADA! – GABOU-SE O JARDINEIRO. – FORAM OS MEUS ANTEPASSADOS QUE PLANTARAM O JARDIM DO ÉDEN.
— TUDO BEM – DISSE O ELETRICISTA — MAS, QUANDO DEUS DISSE "FAÇA-SE A LUZ", QUEM VOCÊS ACHAM QUE TINHA PUXADO TODA A FIAÇÃO.

CONTA

DIANTE DA RECLAMAÇÃO DE UM SENHOR POR CAUSA DO VALOR DA CONTA DA LUZ, O GERENTE FALA:
— QUANDO NÓS ERRAMOS, NO MÊS PASSADO, AO NÃO COBRAR NADA PELA SUA CONTA DA LUZ, O SENHOR NÃO RECLAMOU. E, AGORA QUE NÓS COBRAMOS, O SENHOR VEM RECLAMAR?
— É QUE UM ERRO EU AINDA TOLERO E DEIXO PASSAR, MAS JÁ DOIS É DEMAIS!

ENXERGANDO LONGE

DOIS MENTIROSOS CONVERSAVAM NA PRAÇA:
— VOCÊ CONSEGUE ENXERGAR AQUELE MOSQUITO LÁ NO ALTO DA TORRE DA IGREJA?
— QUAL? O QUE ESTÁ SENTADO OU O QUE ESTÁ EM PÉ?

UMA GRAÇA

UM HOMEM, FAZENDO A SUA ORAÇÃO A DEUS, DE REPENTE SE VÊ CONVERSANDO DIRETAMENTE COM ELE.
— SENHOR, O QUE SÃO, PARA VÓS, MIL ANOS?
— SÓ UM MINUTO – RESPONDE DEUS.
— E 100 MIL REAIS?
— APENAS UM CENTAVO.
— SENHOR, ENTÃO, POR FAVOR, CONCEDA-ME APENAS UM CENTAVO.
— CLARO, MEU FILHO. ESPERE SÓ UM MINUTO.

SOLUÇÃO PERFEITA
TRÊS CARAS RESOLVERAM ATRAVESSAR O DESERTO DE JIPE. UM TÉCNICO EM COMPUTADORES, UM ADVOGADO E UM ACADÊMICO. NO MEIO DA TRAVESSIA, O JIPE QUEBRA. O ADVOGADO DESCE ESBRAVEJANDO, COLÉRICO:
— VOU PROCESSAR OS REVENDEDORES. ONDE JÁ SE VIU? ESTE TIPO DE PROBLEMA NÃO PODIA ACONTECER. ELES VÃO SE VER COMIGO!
UM POUCO MAIS CALMO, O ACADÊMICO TENTA CONTORNAR A SITUAÇÃO:
— VAMOS PROCURAR OS MANUAIS. EM ALGUM LUGAR, DEVE HAVER UM MANUAL COM INSTRUÇÕES PARA ESSES CASOS DE FALHA.
TOTALMENTE DESPREOCUPADO E SEM SEQUER DESCER DO CARRO, O TÉCNICO EM COMPUTADORES DIZ:
— ISSO É SIMPLES. TÃO SIMPLES QUE PODEM VOLTAR PARA O CARRO. BASTA DESLIGAR E LIGAR O JIPE, QUE TUDO FUNCIONA!

ENGANO AO TELEFONE
UM HOMEM LIGA PARA A DELEGACIA E DIZ:
— POR FAVOR, EU QUERIA FALAR COM O DELEGADO.
— PODE FALAR, É O PRÓPRIO.
— OI, PRÓPRIO. TUDO BEM? CHAMA O DELEGADO PARA MIM?

MORCEGUINHOS
UM MORCEGO ESTAVA ENSINANDO OS TRÊS FILHOS A CHUPAR SANGUE.
O PRIMEIRO VOLTA CHEIO DE SANGUE E DIZ:
— PAI, ESTÁ VENDO AQUELA OVELHA? EU CHUPEI O SANGUE DELA.
— MUITO BEM, FILHO.
O SEGUNDO VOLTA CHEIO DE SANGUE E DIZ:
— PAI, ESTÁ VENDO AQUELE BOI? EU CHUPEI O SANGUE DELE.
— MUITO BEM, FILHO.
O TERCEIRO VOLTA CHEIO DE SANGUE E DIZ:
— PAI, ESTÁ VENDO AQUELE MURO?
— ESTOU, FILHO.
— EU NÃO VI.

MOSCA APRENDIZ
UMA MOSCA FEZ SEU PRIMEIRO VOO. QUANDO VOLTOU, SUA MÃE PERGUNTOU:
— COMO FOI, FILHA?
— FOI MARAVILHOSO! POR ONDE PASSAVA, TODAS AS PESSOAS APLAUDIAM!

GATO E RATO

UM GATO ESTAVA CAÇANDO UM RATO.
DEPOIS DE MUITA CORRERIA, O RATO SE ESCONDEU EM SUA TOCA E OUVIU UM LATIDO:
— AU, AU, AU!
PENSANDO QUE ESTAVA SALVO, O RATO SAIU DA TOCA E FOI PEGO PELO GATO.
SEM ENTENDER O QUE ACONTECEU, ELE PERGUNTOU:
— CADÊ O CACHORRO QUE ESTAVA AQUI?
E O GATO RESPONDEU:
— HOJE EM DIA, QUEM NÃO FALA DOIS IDIOMAS NÃO SOBREVIVE!

ARMÁRIO PESADO

UM AMIGO VÊ O OUTRO CARREGANDO UM ARMÁRIO NAS COSTAS.
— EI, VOCÊ FICOU MALUCO? ESSE ARMÁRIO É MUITO PESADO. É PRECISO DUAS PESSOAS PARA CARREGÁ-LO.
— MAS NÓS ESTAMOS EM DOIS. O MEU CUNHADO ESTÁ AQUI DENTRO SEGURANDO OS CABIDES.

A GALINHA E O IOIÔ

O CAIPIRA COMENTA:
— SABE, COMPADRE, TÔ PREOCUPADO COM A MINHA GALINHA.
— POR QUÊ?
— ELA ENGOLIU UM ELÁSTICO DE IOIÔ E TÁ BOTANDO O MESMO OVO HÁ UMA SEMANA!

FRANGO MALPASSADO

O RAPAZ VAI A UM RESTAURANTE E PEDE UM FRANGO.
A COMIDA VEM E LOGO DEPOIS ELE CHAMA O GARÇOM PARA RECLAMAR:
— ESTE FRANGO ESTÁ MALPASSADO!
E O GARÇOM PERGUNTA:
— COMO É QUE O SENHOR SABE DISSO SE NEM TOCOU NO FRANGO?
— É QUE ELE COMEU TODO O MILHO DA MINHA SALADA.

IMITAÇÃO

ESTA ACONTECEU NA PRODUÇÃO DE UM IMPORTANTE PROGRAMA DE CALOUROS DA TELEVISÃO BRASILEIRA.
— O QUE O SENHOR FAZ? – PERGUNTOU O PRODUTOR.
O RAPAZ MUITO TÍMIDO, FALOU:
— EU IMITO PASSARINHO.
— MAS TEM UM MONTE DE GENTE QUE IMITA PASSARINHO, E ESSA SEMANA TEM, MAIS OU MENOS, UNS CINQUENTA. ACHO QUE NÃO VAI DAR.
O RAPAZ MUITO TÍMIDO, FEZ UM ESFORÇO E INSISTIU.
— MAS EU IMITO MUITO BEM PASSARINHO.
— TODO MUNDO IMITA BEM PASSARINHO. VOLTA NO MÊS QUE VEM.
O RAPAZ, MUITO TRISTE, SAIU VOANDO PELA JANELA.

QUANTO CUSTA?

UMA MULHER CHEGOU NA PADARIA E PERGUNTOU:
— QUANTO É O CAFEZINHO?
O BALCONISTA RESPONDEU:
— UM REAL.
— E O AÇÚCAR?
— É DE GRAÇA.
— AH, ENTÃO ME DÊ DOIS QUILOS DE AÇÚCAR.

O ELEFANTE

UM GAROTO PERGUNTA PARA O OUTRO:
— VOCÊ JÁ VIU UM ELEFANTE ESCONDIDO ATRÁS DE UMA ÁRVORE?
— NÃO.
— VIU COMO ELE SE ESCONDE BEM?

BARATAS

UM HOMEM FOI AO SUPERMERCADO E PEDIU UM QUILO DE NAFTALINA. DEPOIS DE MEIA HORA, ELE VOLTOU E PEDIU MAIS CINCO QUILOS. UMA HORA DEPOIS, COMPROU MAIS DEZ QUILOS DE NAFTALINA.
O CAIXA NÃO AGUENTOU A CURIOSDADE:
— PARA QUE TANTA NAFTALINA? UM PACOTE JÁ SERIA MUITO!
— BEM, EU NÃO TENHO BOA PONTARIA PARA ACERTAR AS BARATAS.

FESTA NO CÉU

OS BICHOS FIZERAM UMA FESTA NO CÉU.
QUANDO O BAILE IA COMEÇAR, DESCOBRIRAM QUE FALTAVA A GUITARRA. O LEÃO ORDENOU:
— BICHO-PREGUIÇA! — VÁ BUSCAR A GUITARRA LÁ NA TERRA!
UMA SEMANA SE PASSOU E NADA DO BICHO VOLTAR. OS ANIMAIS FORAM RECLAMAR COM O LEÃO:
— ISSO JÁ É DEMAIS! QUE FALTA DE CONSIDERAÇÃO!
— DISSE A GIRAFA.
— O BICHO-PREGUIÇA PASSOU DOS LIMITES! — FALOU O TATU.
E FICARAM EM UMA DISCUSSÃO QUANDO, DE REPENTE, A PORTA SE ABRIU E SURGIU O BICHO-PREGUIÇA MUITO TRISTE:
— SE VOCÊS CONTINUAREM FALANDO MAL DE MIM, EU NÃO VOU MAIS!

CENOURA SOLTEIRA

O CENOURO DISSE PARA A CENOURA:
— CENOURA!
E ELA RESPONDEU:
— CENOURA NÃO, CENOURITA.

MAMÃE CANGURU

O CANGURU ESTAVA SALTANDO QUANDO PAROU E COÇOU A BOLSA. CONTINUOU SALTANDO, FRANZIU A TESTA E COÇOU A BOLSA. NA TERCEIRA VEZ, PUXOU O FILHOTE DE DENTRO DA BOLSA E DISSE:
— JÁ FALEI QUE NÃO É PARA VOCÊ COMER BOLACHA NA CAMA!

POBRE HOMEM

DEPOIS DE SER A MAIOR ATRAÇÃO DO ZOOLÓGICO DURANTE 20 ANOS, O ELEFANTE MORRE. AO LADO DELE, UM HOMEM CHORA SEM PARAR.
UMA MULHER QUE ESTAVA PASSANDO DIZ:
— COITADO! AQUELE DEVE SER O HOMEM QUE CUIDAVA DO ELEFANTE. ELE DEVIA GOSTAR MUITO DELE.
E O MARIDO DA MULHER RESPONDE:
— QUE NADA! ESSE É O HOMEM QUE TEM QUE CAVAR A COVA PARA ENTERRAR O ELEFANTE!

PERGUNTINHAS

O MENINO PERGUNTA PARA O COLEGA:
— COMO SE FAZ PARA COLOCAR UM ELEFANTE NA GELADEIRA?
— NÃO SEI.
— ABRE A GELADEIRA E COLOCA ELE LÁ.
E COMO SE FAZ PARA COLOCAR UMA GIRAFA NA GELADEIRA?
—AH! AGORA EU SEI. ABRE A GELADEIRA E COLOCA ELA LÁ.
— NÃO. PRIMEIRO TEM DE TIRAR O ELEFANTE QUE ESTÁ LÁ DENTRO E DEPOIS COLOCAR A GIRAFA. AGORA, ME DIGA: O LEÃO FEZ UMA FESTA. FORAM TODOS OS BICHOS, MENOS UM. QUEM FALTOU?
— COMO VOU SABER?
— A GIRAFA. ELA AINDA ESTAVA NA GELADEIRA. E COMO É QUE SE FAZ PARA ATRAVESSAR UM RIO ONDE MORAM MUITOS JACARÉS?
— EU SEI LÁ.
— PODE IR NADANDO. OS JACARÉS ESTÃO NA FESTA DO LEÃO.

O ESCOTEIRO

UM MENINO RESOLVEU SER ESCOTEIRO. DEPOIS DO PRIMEIRO DIA DE AULA, A MÃE QUIS SABER:
— VOCÊ FEZ UMA BOA AÇÃO HOJE?
— FIZ, MAS ME DEU UM TRABALHO! AJUDEI UMA SENHORA A ATRAVESSAR A RUA.
— MAS ISSO É FÁCIL, MEU FILHO.
— FÁCIL? ELA NÃO QUERIA ATRAVESSAR DE JEITO NENHUM!

ENGANO NA FAZENDA

UM RAPAZ DA CIDADE GRANDE, EM VISITA À FAZENDA, CHEGA AO CURRAL E SUSSURRA AO OUVIDO DA VACA:
— TENHO UMA SURPRESA PARA VOCÊ. HOJE, SOU EU QUEM VAI TIRAR O SEU LEITE.
— EU TAMBÉM TENHO UMA SURPRESA PARA VOCÊ. EU SOU O BOI.

TATU ESPERTO

O TATU FALA PARA O AVESTRUZ:
— EU SEI DUAS COISAS QUE VOCÊ NÃO PODE COMER NO CAFÉ DA MANHÃ.
— QUE NADA! EU COMO DE TUDO!
— NÃO, ESSAS DUAS COISAS VOCÊ NÃO PODE COMER NO CAFÉ DA MANHÃ.
— E QUAIS SÃO?
— O ALMOÇO E O JANTAR.

É GOOoLLLLLLL!

O FOTÓGRAFO DE UM JORNAL ESPORTIVO FOI FOTOGRAFAR A PARTIDA EM QUE SEU TIME ESTAVA JOGANDO. NA HORA QUE SEU TIME FEZ O GOL, ELE COMEMOROU E FICOU TÃO EMOCIONADO QUE ESQUECEU DE FOTOGRAFAR. QUANDO CHEGOU NO JORNAL, O EDITOR ESTRANHOU:
— VOCÊ NÃO PEGOU O GOL?
— MAS SE O GOLEIRO, QUE TINHA DE PEGAR, NÃO PEGOU, IMAGINE EU, UM SIMPLES FOTÓGRAFO!

VELOCIDADE REDUZIDA
UM HOMEM DIRIGIA EM ALTA VELOCIDADE QUANDO SE DEPAROU COM UMA PLACA ESCRITA:
"REDUZA A 70 KM!" E DIMINUIU PARA 70.
VEIO OUTRA PLACA: "REDUZA A 50 KM".
SEM ENTENDER, REDUZIU DE NOVO.
OUTRA PLACA: "REDUZA A 30 KM".
O HOMEM FICOU BRAVO E REDUZIU.
A PLACA SEGUINTE DIZIA:
"REDUZA A 10 KM".
JÁ COM O CARRO QUASE PARANDO, ELE VIU MAIS UMA PLACA:
"BEM-VINDOS A REDUZA!".

VENDEDOR DE RUA
O MENINO QUE VENDE LARANJA EM UM CRUZAMENTO FICAVA GRITANDO:
— OLHA A LARANJA! OLHA A LARANJA!
UM SENHOR PERGUNTA AO GAROTO:
— É DOCE?
— É CLARO QUE NÃO, MOÇO! SENÃO, EU ESTARIA GRITANDO: "OLHA O DOCE!".

VELHO OESTE
O CAUBÓI ENTRA NO BAR AOS BERROS:
— QUEM FOI O ENGRAÇADINHO QUE PINTOU MEU CAVALO DE VERDE?
— UM HOMEM DE 2 METROS DE ALTURA SE LEVANTA E RESPONDE:
— FUI EU, POR QUÊ?
— É SÓ PARA AVISAR QUE A PRIMEIRA MÃO DE TINTA JÁ SECOU.

NOME CHINÊS
NO DEPARTAMENTO DE IMIGRAÇÃO, O FUNCIONÁRIO PERGUNTA QUAL O NOME DE UM CHINÊS QUE ESTAVA NA FILA.
— ESPIRRO, NON?
— MAS ISSO É CHINÊS?
— NON, ESSE É O MEU NOME EM PORTUGUÊS.
— E COMO É O SEU NOME EM CHINÊS?
— A-CHIN.

DEMISSÃO
O PATRÃO DISSE AO FUNCIONÁRIO:
— ESTÁ DESPEDIDO!
— MAS, CHEFE, EU NÃO FIZ NADA!
— EU SEI! E É POR ISSO MESMO!

QUE PREGUIÇA!
UM BAIANO DEITADO NA REDE PERGUNTA PARA O AMIGO:
— MEU REI... TEM AÍ REMÉDIO PARA PICADA DE COBRA?
— TEM. POR QUÊ, VOCÊ FOI PICADO?
— NÃO, MAS TEM UMA COBRA VINDO NA MINHA DIREÇÃO...

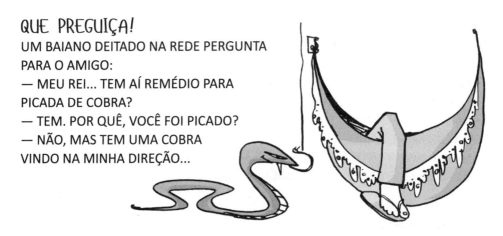

NO LABORATÓRIO
O CIENTISTA FALA PARA UM COLEGA:
— INVENTEI UMA PÍLULA QUE MATA A SEDE.
— NOSSA! E COMO ELA FUNCIONA?
— É SÓ TOMAR A PÍLULA COM DOIS COPOS DE ÁGUA.

QUE SUSTO!
UM HOMEM PASSAVA PELA RUA QUANDO OUVIU UMA MULHER GRITANDO:
— POR FAVOR, ME AJUDEM! MEU FILHO ENGOLIU UMA MOEDA.
O HOMEM AGARROU O MENINO PELOS PÉS, VIROU-O DE CABEÇA PARA BAIXO E SACUDIU-O ATÉ FAZER A MOEDA CAIR.
— OBRIGADA, DOUTOR! O SENHOR SALVOU O MEU FILHO. SORTE UM MÉDICO ESTAR POR PERTO.
— SENHORA, EU NÃO SOU MÉDICO. SOU COBRADOR DE IMPOSTOS.

NADAR FAZ BEM

DOIS AMIGOS CONVERSAM ENQUANTO OBSERVAM O MAR:
— NADAR É UM DOS MELHORES EXERCÍCIOS PARA MANTER O CORPO MAGRO E ESBELTO.
— GOZADO, EU NUNCA VI UMA BALEIA MAGRA E ESBELTA.

VENDEDOR INSISTENTE

UM VENDEDOR AMBULANTE CHAMA A DONA DE CASA ATÉ O PORTÃO E OFERECE:
— MINHA SENHORA, TENHO AQUI LINHAS, AGULHAS, ALFINETES, PRESILHAS, ZÍPERES, PENTES, ESCOVAS, GRAMPOS...
— NÃO PRECISO DE NADA DISSO! JÁ TENHO TUDO!
MAS O VENDEDOR NÃO ACEITA DESCULPAS:
— ENTÃO, QUE TAL COMPRAR ESTE LIVRO DE ORAÇÕES PARA AGRADECER A DEUS POR NÃO FALTAR NADA PARA A SENHORA?

FUTEBOL ENTRE INSETOS

AS FORMIGAS PERDEM FEIO PARA AS ARANHAS.
O PRIMEIRO TEMPO TERMINA EM OITO A ZERO.
O PROBLEMA ESTÁ NA DIFERENÇA DO NÚMERO DE PERNAS.
NO SEGUNDO TEMPO, ENTRA A CENTOPEIA NO TIME DAS FORMIGAS — QUE REAGE E EMPATA.
— MAS POR QUE ELA NÃO JOGOU LOGO NO PRIMEIRO TEMPO? — QUIS SABER UM REPÓRTER.
— PORQUE ESTAVA CALÇANDO AS CHUTEIRAS!

ONDE ESTÁ O ANÃO?
— VOCÊ VIU PASSAR POR AQUI UM ANÃO DE 1,90 METRO?
— ORA, MAS SE ELE TEM 1,90 METRO NÃO É UM ANÃO!
— É, SIM. É QUE ELE ESTÁ DISFARÇADO DE GIGANTE!

IMPRESSÃO
DUAS IMPRESSORAS. UMA DIZ PARA A OUTRA:
— OLHA SÓ, ESSA FOLHA É TUA OU É IMPRESSÃO MINHA?

LIMPEZA É RELATIVA
UM VIAJANTE ESTRANGEIRO ESTAVA PERDIDO NO MEIO DA CAATINGA BRASILEIRA, MORRENDO DE SEDE E DEBAIXO DE UM SOL ESCALDANTE, QUANDO SE DEPARA COM UMA CASINHA DE TAIPA. IMEDIATAMENTE, O GRINGO BATE PALMAS E LOGO APARECE UM GAROTO SUJINHO. E O GRINGO FALA NAQUELE SOTAQUE:
— VOCÊ ME ARRANJAR ALGO PARA MATAR A MINHA SEDE?
— TÁ BEM! – DIZ O MENINO.
ENTÃO, O MENINO DESAPARECE PARA DENTRO DA CASA E LOGO VOLTA COM UMA CUIA IMUNDA QUE ENTREGA AO VIAJANTE. O GRINGO OLHA MEIO ENOJADO PARA A CUIA, MAS COMO TEM MUITA SEDE, FECHA OS OLHOS E BEBE TUDO EM UM GOLE SÓ.
— TAVA MUITO RUIM? – PERGUNTA O MENINO.
— NÃO, POR QUÊ? – DIZ O GRINGO, NÃO QUERENDO LEMBRAR DA CUIA.
— É QUE TINHA UM RATO MORTO DENTRO DA CUIA.
— WHAT? UM RATO? A MOUSE? – DISSE O GRINGO, FURIOSO. – ACHO QUE VOU QUEBRAR A CUIA NO SEU CABEÇA!
— FAZ ISSO NÃO, MOÇO! ESSE É O ÚNICO PENICO QUE TEMOS!

DORMINDO EM SERVIÇO
O FUNCIONÁRIO SE DESCULPA PARA O PATRÃO DEPOIS DE TER SIDO FLAGRADO DORMINDO EM SERVIÇO:
— NÃO ESTOU DORMINDO NÃO, CHEFE! É QUE O MEU SERVIÇO É TÃO FÁCIL QUE EU FAÇO ATÉ DE OLHOS FECHADOS!

TESTE PARA LOCUTOR

UM LOCUTOR FOI FAZER UM TESTE PARA TRABALHAR EM RÁDIO.
CHEGANDO LÁ, A RECEPCIONISTA PERGUNTOU:
— QUAL O SEU NOME?
— JOSÉ-SÉ-SÉ DA SI-SI-SI-SILVA.
— ME DESCULPE, SENHOR. MAS O TESTE É PARA LOCUTOR E O SENHOR É GAGO.
— NÃO, SENHORITA. EU NÃO SOU GAGO. O MEU PAI ERA GAGO E O ESCRIVÃO DO CARTÓRIO ANOTOU MEU NOME CONFORME ELE DITOU.

AVENTURA NO DESERTO

TRÊS AMIGOS QUERIAM ATRAVESSAR O DESERTO DO SAARA. UM LEVAVA UM CUBO DE GELO, O OUTRO UM BARRIL DE ÁGUA E O TERCEIRO A PORTA DE UM CARRO.
ELE PERGUNTOU PARA UM DOS DOIS AMIGOS:
— POR QUE VOCÊ VAI LEVAR UM CUBO DE GELO?
— SE EU SENTIR CALOR, ME REFRESCO.
— E POR QUE VOCÊ ESTÁ LEVANDO UM BARRIL DE ÁGUA?
— QUANDO EU SENTIR SEDE, EU BEBO.
— MAS E VOCÊ, PARA QUE A PORTA DO CARRO?
— UÉ! SE FICAR ABAFADO, EU ABRO A JANELINHA.

LEMBRANÇAS DO PASSADO

AO CHEGAR AO RIO DE JANEIRO, UMA SENHORA PEGA UM TÁXI EM DIREÇÃO A UM HOTEL. O TAXISTA, POR INCRÍVEL QUE PAREÇA, NÃO DISSE QUASE NADA DURANTE O PERCURSO. ENTÃO A SENHORA QUIS FAZER-LHE UMA PERGUNTA E TOCA NO SEU OMBRO. O MOTORISTA GRITA, PERDE O CONTROLE DO CARRO E, POR POUCO, NÃO PROVOCA UM TERRÍVEL ACIDENTE.
A SENHORA PERGUNTA AO TAXISTA:
— FRANCAMENTE, EU NÃO SABIA QUE O SENHOR SE ASSUSTARIA TANTO COM UM TOQUE NO OMBRO.
— NÃO ME LEVE A MAL, SENHORA. É QUE ESTE É O MEU PRIMEIRO DIA COMO TAXISTA.
E O QUE O SENHOR FAZIA ANTES DISSO? — PERGUNTOU ELA.
EU FUI MOTORISTA DE CARRO FUNERÁRIO POR 25 ANOS.

TOLERÂNCIA ZERO

UM SUJEITO ENTRA EM UMA LOJA DE AGROPECUÁRIA.
—TEM VENENO PARA RATO?
—TEM! VAI LEVAR? — PERGUNTA O BALCONISTA.
—NÃO, VOU TRAZER OS RATOS PARA COMEREM AQUI!!!

NO CAIXA DO BANCO, O SUJEITO VAI DESCONTAR UM CHEQUE.
A PERGUNTA:
— VAI LEVAR EM DINHEIRO?
—NÃO! ME DÁ O VALOR EM CLIPS E BORRACHINHAS!

CASAL ABRAÇADINHO, ENTRANDO NO BARZINHO ROMÂNTICO.
A PERGUNTA DO GARÇON:
— MESA PARA DOIS?
— NÃO, MESA PARA QUATRO! DUAS CADEIRAS SÃO PARA COLOCAR OS PÉS!

HOMEM COM VARA DE PESCA NA MÃO, LINHA NA ÁGUA, SENTADO. O OUTRO CHEGA E PERGUNTA:
— AQUI DÁ PEIXE?
— NÃO, DÁ TATU, QUATI, CAMUNDONGO... PEIXE COSTUMA DAR LÁ NO MATO...

PROMOÇÃO
O CARECA CHEGA NA BARBEARIA E PERGUNTA PARA O BARBEIRO:
— POR FAVOR, QUANTO É O CABELO?
E O BARBEIRO OLHA PARA O CHÃO, QUE AINDA NÃO TINHA SIDO VARRIDO, E RESPONDEU:
— PARA O SENHOR É DE GRAÇA! PODE PEGAR NO CHÃO QUE NÃO CUSTA NADA.

NA DELEGACIA
— O SENHOR SABE TOCAR BATERIA?
— NÃO, SENHOR...
— ENTÃO, POR QUE ROUBOU A BATERIA DO SEU VIZINHO?
— PORQUE ELE TAMBÉM NÃO SABE, DELEGADO!

JUSTIÇA

DELEGACIA

A ESCOLA LEVA OS SEUS ALUNOS ATÉ UMA DELEGACIA PARA QUE APRENDAM COMO A POLÍCIA TRABALHA.
JOÃOZINHO VÊ UM CARTAZ COM VÁRIAS FOTOS DOS ASSALTANTES MAIS PROCURADOS. ELE APONTA PARA UMA E PERGUNTA AO POLICIAL:
— ESSE BANDIDO É REALMENTE PERIGOSO?
— É SIM, FILHO — RESPONDE O GUARDA. — OS INVESTIGADORES ESTÃO CAÇANDO ELE JÁ FAZ OITO MESES.
JOÃOZINHO RESPONDE:
— POR QUE VOCÊS NÃO PRENDERAM ELE QUANDO TIRARAM A FOTO?

CONSULTORIA

UM AÇOUGUEIRO ENTRA NO ESCRITÓRIO DE UM ADVOGADO E PERGUNTA:
— SE UM CACHORRO SOLTO NA RUA ENTRA EM UM AÇOUGUE E ROUBA UM PEDAÇO DE CARNE, O DONO DA LOJA TEM DIREITO DE RECLAMAR O PREJUÍZO AO DONO DO CACHORRO?
— SIM, É CLARO — RESPONDE O ADVOGADO.
— ENTÃO VOCÊ ME DEVE 8 REAIS. SEU CACHORRO ESTAVA SOLTO E ROUBOU UM FILÉ DA MINHA LOJA.
SEM RECLAMAR, O ADVOGADO PREENCHE UM CHEQUE NO VALOR DE 8 REAIS E ENTREGA AO AÇOUGUEIRO.
ALGUNS DIAS DEPOIS, O AÇOUGUEIRO RECEBE UMA CARTA DO ADVOGADO, COBRANDO 50 REAIS PELA CONSULTA.

SAPATOS, PARA QUE OS QUERO!

DOIS ADVOGADOS ESTAVAM CAÇANDO QUANDO UM LEÃO OS SURPREENDE EM PLENA SELVA. ESTAVAM COMPLETAMENTE SEM POSSIBILIDADE DE REAGIR. UM DELES IMEDIATAMENTE TIROU OS SAPATOS, AO QUE O OUTRO PERGUNTOU:
— POR QUE ESTÁ TIRANDO OS SAPATOS?
— EU POSSO CORRER MAIS RÁPIDO DESCALÇO!
— BOBAGEM! NÃO IMPORTA O QUANTO VOCÊ CORRA. NUNCA VAI SUPERAR O LEÃO!
—NÃO PRECISO SUPERAR O LEÃO. SÓ TENHO QUE CORRER MAIS QUE VOCÊ.

NO TRIBUNAL

DURANTE O JULGAMENTO, O JUIZ PERGUNTA:
— ONDE O SENHOR MORA?
— NA CASA DO MEU IRMÃO.
— E ONDE MORA O SEU IRMÃO?
— ELE MORA COMIGO.
— E ONDE VOCÊS MORAM, SERÁ QUE PODE ME DIZER?
— MORAMOS JUNTOS.

RAÇÃO BALANCEADA

CERTO DIA, UM FISCAL DE SAÚDE PÚBLICA FOI AVERIGUAR QUAL A RAÇÃO QUE UM FAZENDEIRO ESTAVA DANDO AOS SEUS PORCOS. AO SER QUESTIONADO, O MATUTO VEIO COM A SEGUINTE RESPOSTA:
— EU PENSO EM ECONOMIZAR! EU DOU A ELES TUDO O QUE SOBRA. É RESTO DE COMIDA, PÃO VELHO, MORTADELA QUE *NÓIS* NÃO CONSEGUE NEM SENTIR O CHEIRO.
— MAS ISSO É UM CRIME, UM ABSURDO – BRADOU O FISCAL. – VOU MULTÁ-LO EM 10 MIL REAIS POR ATENTAR CONTRA A SAÚDE PÚBLICA.
DEPOIS DE ALGUM TEMPO O FISCAL RETORNOU ÀQUELA FAZENDA. AO SER NOVAMENTE QUESTIONADO, O MATUTO RESPONDEU:
— *ÓIA, AGORA NÓIS APRENDEU*! AS COISA *MELHORÔ* MUITO, *TÔ* DANDO CAVIAR, SALMÃO DEFUMADO E RAÇÃO IMPORTADA DA FRANÇA PROS BICHO COMÊ. COISA DE PRIMEIRA!
— MAS ISSO NÃO É CORRETO TAMBÉM. COM TANTAS CRIANÇAS PASSANDO FOME E VOCÊ DANDO COMIDA CARÍSSIMA E IMPORTADA AOS PORCOS? VOU MULTÁ-LO EM MAIS 20 MIL REAIS.
APÓS UM MÊS, O FISCAL RETORNOU À FAZENDA E PERGUNTOU AO MATUTO:
— O QUE O SENHOR ESTÁ DANDO PARA OS PORCOS COMEREM?
— *ÓIA*, AGORA *SÔ* DEMOCRÁTICO! EU *DÔ* DEZ REAIS PARA CADA PORCO E ELES QUE SE VIREM. ELES VÃO *COMÊ* O QUE ELES *QUISÉ* E ONDE *QUISÉ*!

PAPAGAIOS

ASSALTO

O LADRÃO VAI EM COMPLETO SILÊNCIO PELA CASA. DE REPENTE, ESCUTA:
— JESUS ESTÁ VENDO VOCÊ.
O LADRÃO SE DETÉM, APAVORADO. OLHA AO REDOR, EM DESESPERO.
EM UM CANTO ESCURO, VÊ UMA GAIOLA COM UM PAPAGAIO
DENTRO E PERGUNTA:
— FOI VOCÊ QUEM DISSE QUE JESUS ESTÁ ME VENDO?
— FOI, RESPONDE O PAPAGAIO.
O LADRÃO, ALIVIADO, PERGUNTA:
— QUAL É O SEU NOME?
— MOISÉS.
— QUE NOME BOBO PARA UM PAPAGAIO. QUEM FOI
O IDIOTA QUE PÔS ESTE NOME EM VOCÊ?
— O MESMO QUE PÔS O NOME DE JESUS NO PIT
BULL, QUE ESTÁ VENDO VOCÊ.

OUTRO ASSALTO

UM LADRÃO PORTUGUÊS IA ASSALTAR UMA CASA, QUANDO VIU, NA PORTA,
UMA TABULETA: CUIDADO, PAPAGAIO!
O LADRÃO FICOU PENSATIVO, MAS DECIDIU ENTRAR DE MANSINHO. AO AVISTAR
O PAPAGAIO, DISSE:
— Ó, RAIOS! É COM ESTE BICHO QUE DEVO ME CUIDAR?
MAIS SOSSEGADO, ENTROU NA ANTESSALA DA CASA E, DE REPENTE, O
PAPAGAIO COMEÇOU A GRITAR:
— ISCA, ISCA, REX! CURRUPACO! ISCA, ISCA REX!
E O REX APARECEU......

MÁGICA

TRABALHANDO EM UM NAVIO DE CRUZEIRO, UM MÁGICO FAZIA SEMPRE
TRUQUES SEMELHANTES, POIS O PÚBLICO ERA SEMPRE DIFERENTE. O
PROBLEMA ERA QUE O COMANDANTE TINHA UM PAPAGAIO QUE VIA TODOS OS
ESPETÁCULOS E HAVIA APRENDIDO COMO O MÁGICO FAZIA OS SEUS TRUQUES.
NA HORA DE UMA MÁGICA, O PAPAGAIO MANDAVA TODOS OLHAREM PARA
ONDE ESTAVA ESCONDIDO O COELHO, NA CARTOLA OU NA MANGA DE ONDE
TIRAVA AS CARTAS. O PÚBLICO RIA MUITO E O MÁGICO NÃO PODIA FAZER NADA
CONTRA O PAPAGAIO, POIS, AFINAL, ERA DO COMANDANTE.
CERTO DIA, O NAVIO ENFRENTOU UMA TEMPESTADE E AFUNDOU. O MÁGICO E
O PAPAGAIO SOBREVIVERAM AGARRADOS AOS DESTROÇOS DO NAVIO.
ELES FLUTUARAM DURANTE DIAS SEM DIZER QUALQUER PALAVRA, ATÉ QUE O
PAPAGAIO SE VIROU PARA O MÁGICO E DISSE:
— TÁ BOM, EU DESISTO! O QUE VOCÊ FEZ COM O NAVIO?

INTRUSO

NA DELEGACIA, O TELEFONE TOCA. O DELEGADO ATENDE E UMA VOZ DESESPERADA DIZ:
— POR FAVOR! MANDE A PATRULHA AQUI EM CASA, PELO AMOR DE DEUS! VAI ACONTECER UMA TRAGÉDIA!
— MAS, O QUE FOI? — PERGUNTA O DELEGADO.
— TEM UM GATO AQUI EM CASA. ENTROU PELA PORTA DOS FUNDOS!
— MAS, QUEM É QUE ESTÁ FALANDO?
— É O PAPAGAIO DA TERCEIRA CASA NA RUA DO SOCORROOO!...
E OUVE-SE UM SOM ESTRANHO E DESLIGA...

O POLIGLOTA

MEU TIO RECEBEU O PREFEITO EM SUA CASA CERTA VEZ. ERA O DIA PERFEITO PARA ELE MOSTRAR AS QUALIDADES DO SEU MAIS FAMOSO PAPAGAIO.
— O SENHOR QUER VER UMA COISA? — COMEÇOU O MEU TIO. — QUANDO EU FAÇO ALGUNS SINAIS, ELE PASSA A FALAR DIVERSAS LÍNGUAS. VEJA.
MEU TIO LEVANTOU A MÃO ESQUERDA E O PAPAGAIO PERGUNTOU, EM INGLÊS PERFEITO:
— DO YOU LIKE ME, SIR?
MEU TIO LEVANTOU A MÃO DIREITA E ELE FALOU, EM UM FRANCÊS INCRÍVEL:
— BON JOUR, MONSIEUR!
DEPOIS, LEVANTOU O PÉ DIREITO E O DANADO FALOU, EM ESPANHOL:
— TENGA UN BUEN DÍA, CABALLERO!
AÍ, O PREFEITO, PARA SE DIVERTIR, FALOU:
— E SE O SENHOR LEVANTAR AS DUAS PERNAS AO MESMO TEMPO?
O PAPAGAIO RESPONDEU:
— AÍ, ELE TINHA QUE FALAR A LÍNGUA DOS BURROS! UÓÓ! UÓÓ!

MUDANÇA DE RESIDÊNCIA

UMA MUDANÇA NÃO É FÁCIL! E, EM CIMA DE UM CAMINHÃOZINHO CAINDO AOS PEDAÇOS, ENTÃO, NEM SE FALA! A VIZINHANÇA TODA GRITANDO E DISCUTINDO QUAL A MELHOR POSIÇÃO DOS COLCHÕES ETC. A FAMÍLIA JUNTA OS CACARECOS, PEGA O CACHORRO SARNENTO E VAI TUDO PARA CIMA DO VELHO CAMINHÃO. POR ÚLTIMO, VEM A GAIOLA DO PAPAGAIO, LÁ EM CIMA.
A CAMINHONETE PEGA NO TRANCO, MUITA FUMAÇA E VAI SACUDINDO PELAS RUAS ESBURACADAS, EM DIREÇÃO AO BAIRRO NOVO, VIDA NOVA. MAS, NA PRIMEIRA CURVA, PIMBA! A GAIOLA VAI AO CHÃO, COM PAPAGAIO E TUDO. PARA TUDO, DESCE ALGUÉM, COLOCA DE NOVO A GAIOLA LÁ PARA CIMA E SEGUEM VIAGEM.
E A MESMA COISA VAI SE REPETINDO. PASSA UMA CURVA, E MAIS UM TOMBO. ATÉ QUE O PAPAGAIO, JÁ VERMELHO DE RAIVA, GRITA DA GAIOLA TODA TORTA:
— ASSIM NÃO DÁ! QUE DROGA É ESSA?! ME DÁ O ENDEREÇO QUE EU VOU A PÉ, CARAMBA!

CHARADINHAS

1. DOIS LITROS DE LEITE ATRAVESSARAM A RUA E FORAM ATROPELADOS. UM MORREU; OUTRO NÃO. POR QUÊ?

2. SE CACHORRO TIVESSE RELIGIÃO, QUAL SERIA?

3. POR QUE PLANTINHA NÃO FALA?

4. O QUE O TOMATE FOI FAZER NO BANCO?

5. O QUE A GALINHA FOI FAZER NA IGREJA?

6. POR QUE NÃO É BOM GUARDAR O QUIBE NO FREEZER?

7. POR QUE AS ESTRELAS NÃO FAZEM MIAU?

8. QUAL PARTE DO CARRO SE ORIGINOU NO ANTIGO EGITO?

9. EM UM AQUÁRIO TEM DEZ PEIXES. CINCO MORRERAM AFOGADOS. QUANTOS SOBRARAM?

10. QUAL É A FRASE PREFERIDA DOS MAGRELAS?

---

1. Porque um deles era longa vida!
2. Cão-domblé.
3. Porque ela ainda é "mudinha".
4. Foi tirar extrato.
5. Assistir a missa do galo.
6. Porque lá ele esfirra.
7. Porque astronomia.
8. Faraóis.
9. Todos, porque peixe não morre afogado.
10. Gente fina é outra coisa!

11. O QUE É, O QUE É?
NÓS MATAMOS QUANDO ELA ESTÁ NOS MATANDO.

12. QUAL É O NOME DO FILME?
UM GATINHO CHAMADO TIDO RESOLVEU SAIR DE SEU CESTO
E DAR UMA VOLTINHA.

13. QUAL É O MAR ADULTO?

14. QUAL A DIFERENÇA ENTRE UM PIÃO E UM DISCO OLÍMPICO?

15. EU TENHO UMA ENXADA, UMA PÁ E UMA FOICE.
QUANTAS FERRAMENTAS EU TENHO?

16. O QUE É, O QUE É?
CORRE EM VOLTA DO PASTO INTEIRO E NÃO MEXE UM PONTEIRO.

17. QUAL A SEMELHANÇA ENTRE AS CHAVES E O MACARRÃO?

18. O QUE É, O QUE É?
QUANTO MAIS SE PERDE, MAIS SE TEM.

19. O QUE O NADADOR FAZ PARA BATER O RECORDE?

20. O QUE É, O QUE É?
FAZ VIRAR A CABEÇA DE UM HOMEM.

21. O QUE, QUANTO MAIS SECA, MAIS MOLHADA FICA?

11. A fome.
12. O cesto sem Tido.
13. O marmanjo.
14. O pião a gente joga para rodar e o disco a gente roda para jogar.
15. Duas, porque uma foi-se.

16. A cerca.
17. Ambos têm molho.
18. O sono.
19. Nada.
20. O pescoço.
21. A toalha.

22. O QUE É, O QUE É?
TODO MUNDO PRECISA.
TODO MUNDO PEDE.
TODO MUNDO DÁ, MAS NINGUÉM SEGUE.

23. O QUE É, O QUE É?
DE DIA, FICA NO CÉU.
À NOITE, FICA NA ÁGUA.

24. VOCÊ ESTÁ EM UMA SALA ESCURA COM UM ÚNICO FÓSFORO NA MÃO.
À SUA FRENTE TEM UMA VELA, UMA LAMPARINA E UMA PILHA DE LENHA.
O QUE VOCÊ ACENDE PRIMEIRO?

25. QUAL É O NOME DO FILME?
O SINO CAIU DENTRO DE UMA CHURRASQUEIRA.

26. O QUE É, O QUE É?
QUE NUNCA SE COME, MAS É BOM PARA COMER.

27. QUAL A DIFERENÇA ENTRE O DIA E A NOITE?

28. O QUE É, O QUE É?
AQUELE QUE EM UM INSTANTE SE QUEBRA, SE ALGUÉM DIZ O SEU NOME.

29. POR QUE O LOUCO TOMA BANHO COM O CHUVEIRO DESLIGADO?

30. QUAL O PAÍS ONDE TODOS FREQUENTAM A ACADEMIA?

31. O QUE É, O QUE É?
TEM PÉ DE PORCO, ORELHA DE PORCO, RABO DE PORCO, MAS NÃO É PORCO.

22. Conselho.
23. A dentadura
24. O fósforo.
25. O Assa Sino (O Assassino).
26. O talher.

27. A tarde.
28. O silêncio.
29. Porque ele usa xampu para cabelos secos.
30. Somália (só malha).
31. Uma feijoada.

32. O QUE É, O QUE É?
TRABALHA EM TEMPO DOBRADO.
SEMPRE DE NOITE E DE DIA.
SE ELE TEIMA EM FICAR PARADO, SÓ DANDO CORDA ANDARIA.

33. QUANDO É QUE O SAPATO RI?

34. O QUE É, O QUE É?
NUNCA SE COME NO CAFÉ DA MANHÃ.

35. O QUE É, O QUE É?
TEM CABEÇA, BARBA E DENTE, MAS NÃO É GENTE.

36. O QUE É, O QUE É?
QUINTETO QUE, MESMO UNIDO, SÓ UM INSTRUMENTO PODE TOCAR.
MESMO SE TODOS BRIGAREM, ELES NUNCA IRÃO SE SEPARAR.

37. O QUE É, O QUE É?
TODOS TÊM DOIS, VOCÊ TEM UM E EU NÃO TENHO NENHUM.

38. POR QUE O ELEFANTE NÃO CONSEGUE TIRAR CARTA DE MOTORISTA?

39. POR QUE UM PIRATA NÃO PODE SER JOGADOR DE FUTEBOL?

40. O QUE É, O QUE É?
NASCE E MORRE EM PÉ.

41. O QUE É, O QUE É?
PASSA DIANTE DO SOL E NUNCA FAZ SOMBRA.

32. O relógio.
33. Quando ele acha "graxa" (graça).
34. O almoço e o jantar.
35. O alho.
36. Os cinco dedos da mão.

37. A letra "O".
38. Porque ele só da trombada.
39. Porque ele é perna de pau.
40. A vela.
41. O vento.

42. O QUE É, O QUE É?
MORRE, NASCE E CONTINUA A EXISTIR.
SEMPRE CORRE E NUNCA CANSA. DO SEU CURSO NÃO DEVE SAIR.

43. O QUE É, O QUE É?
BOTA OVO, MAS NÃO TEM PENA. POR INCRÍVEL QUE PAREÇA, ANDA COM OS
PÉS NA CABEÇA.

44. COMO SE DIMINUI A QUEDA DE CABELO
QUANDO ELE É LAVADO?

45. O QUE É, O QUE É?
TEM OLHOS, MAS NÃO ENXERGA.
TEM ÁGUA, MAS NÃO BEBE.
TEM CARNE, MAS NÃO COME.
TEM BARBA, MAS NÃO É HOMEM.

46. QUAL É O ÚNICO CAMINHÃO DO MUNDO QUE CONSEGUE VOAR?

47. O QUE É, O QUE É?
DE LEITE É FEITO, MUITO BOM E NUTRITIVO.
SEU NOME RIMA COM BEIJO.

48. O SEU PAI ESTÁ NUMA PONTE.
DE UM LADO TEM UM LEÃO E DO OUTRO TEM UMA ONÇA.
EMBAIXO TEM VÁRIOS TUBARÕES.
COMO ELE SAI DE LÁ?

49. O QUE É QUE SÓ TEM CABEÇA À NOITE?

50. QUANDO ALGUÉM ATIRA UMA PEDRA NO MAR VERMELHO, COMO ELA FICA?

42. O rio
43. O piolho.
44. Tomando banho sentado.
45. O coco.
46. O caminhão-pipa.

47. O queijo.
48. Ele enfrenta a onça, porque ela é pintada.
49. O travesseiro.
50. Molhada.

— 62 —

51. QUAL É A DIFERENÇA ENTRE UMA LAGOA E UMA PADARIA?

52. QUAL É O NOME DO FILME?
UM CARA SENTOU EM UM CACHORRO MALHADO NO CINEMA.

53. O QUE É, O QUE É?
TEM PERNAS, MAS NÃO ANDA.
TEM BRAÇOS, MAS NÃO ABRAÇA.
TEM ASSENTO, MAS NÃO SE ACENTUA.

54. O QUE É, O QUE É?
NÃO É MINHA IRMÃ, NÃO É MEU IRMÃO, MAS É FILHO DO MEU PAI.

55. O QUE É, O QUE É?
É LEVE COMO O AR, MAS POR MAIS DE DEZ MINUTOS
NINGUÉM CONSEGUE SEGURAR.

56. QUAL É O NOME DO FILME?
EM UM LUGAR ONDE SÓ AS PIZZAS DOMINAVAM, ACONTECEU QUE AS PIZZAS
DE ALICHE FORAM EXPULSAS PELAS PIZZAS DE ERVILHA.

57. O QUE É, O QUE É?
NÃO FAZ BARULHO AO CHEGAR, MAS,
QUANDO VAI EMBORA, FAZ TODO MUNDO ACORDAR.

58. QUAL É O ESTADO BRASILEIRO QUE TEM DEZ LETRAS E NENHUMA SE REPETE?

59. QUE HORAS SÃO QUANDO O RELÓGIO BATE 13 HORAS?

60. O QUE O PAPAI NOEL FALOU QUANDO LHE PERGUNTARAM
SE ELE ROÍA AS UNHAS?

---

51. Na lagoa há sapinho e na padaria assa pão.
52. Sento em um dálmata.
53. A cadeira.
54. Eu mesmo.
55. A respiração.

56. Aliche no país das más ervilhas.
57. O sono.
58. Pernambuco.
59. Hora de consertá-lo.
60. rou... rou... rou...!

61. QUAL É O NOME DO FILME?
EM UMA FESTA DE ANIVERSÁRIO, UM MENINO INSISTIU COM O PAI PARA QUE
PEGASSE UMA BEXIGA PARA ELE ESTOURAR.

62. POR QUE OS PÁSSAROS VOAM PARA O NORTE?

63. O QUE ESTÁ SEMPRE À NOSSA FRENTE, MAS NINGUÉM PODE ENXERGAR?

64. EM UMA BANHEIRA CHEIA DE ÁGUA,
VOCÊ TEM UM BALDE, UM COPO E UMA COLHER.
QUAL É A MANEIRA MAIS RÁPIDA DE ESVAZIAR A ÁGUA?

65. O QUE É, O QUE É?
TEM SEMPRE O MESMO TAMANHO, NÃO IMPORTA O PESO.

66. O QUE É, O QUE É?
QUANDO A GENTE FICA EM PÉ, ELE FICA DEITADO.
QUANDO A GENTE FICA DEITADO, ELE FICA EM PÉ.

67. O QUE É, O QUE É?
TEM COROA, MAS NÃO É REI.
TEM ESPINHO, MAS NÃO É PEIXE.

68. O QUE É, O QUE É?
PULA E SE VESTE DE NOIVA.

69. O QUE É, O QUE É?
NA ÁGUA NASCI. NA ÁGUA ME CRIEI.
MAS, SE ME JOGAREM NA ÁGUA, ALI EU MORREREI.

70. O QUE É PIOR DO QUE UMA GIRAFA COM DOR DE GARGANTA?

61. Tó estorei!
62. Porque é muito longe para eles irem a pé.
63. O futuro.
64. Tirando a tampa do ralo.
65. A balança.

66. O pé.
67. O Abacaxi.
68. A Pipoca.
69. O Sal.
70. Uma centopeia com dor nos pés.